나는
시를
모른다

*일러두기

1) 본문의 수록된 시는 저자 혹은 저작권자의 사전 사용 승인을 받았음을 밝힙니다.
2) 시 작품에 대한 해설 중 큰따옴표는 해당 시 구절의 직접 인용이거나 다른 작품의 내용을 인용한 경우에 해당합니다.

나는 시를 모른다

초판 1쇄 발행 2019년 2월 1일
　2쇄 발행 2019년 3월 19일

지은이 김정배
펴낸이 장길수
펴낸곳 지식과감성#
출판등록 제2012-000081호

디자인 안영인
편집 이현, 안영인, 최지희, 조혜수, 장홍은, 박예은
교정 장진영
마케팅 고은빛

주소 서울시 금천구 벚꽃로 298 대륭포스트타워 6차 1212호
전화 070-4651-3730~4
팩스 070-4325-7006
이메일 ksbookup@naver.com
홈페이지 www.knsbookup.com

ISBN 979-11-6275-496-2(03810)
값 12,000원

ⓒ 김정배 2019 Printed in Korea

잘못된 책은 구입하신 곳에서 바꾸어 드립니다.
이 책의 전부 또는 일부 내용을 재사용하려면 사전에 저작권자와 펴낸곳의 동의를 받아야 합니다.

이 도서의 국립중앙도서관 출판예정도서목록(CIP)은 서지정보유통지원시스템
홈페이지(http://seoji.nl.go.kr)와 국가자료공동목록시스템(http://www.nl.go.kr/kolisnet)에서
이용하실 수 있습니다. (CIP제어번호 : CIP2019003819)

홈페이지 바로가기

이 책은 2018 전라북도 문화관광재단 지역문화예술 육성지원사업의 지원을 받았습니다.

나는
시를
모른다

글마음조각가 김정배 교수가 전하는
하루 한 편 짧은 시 이야기

■ 책을 펴내며

　가끔 좋은 시란 무엇인가에 대해 생각합니다. 딱히 답이 될 만한 말을 떠올리지 못합니다. 시에 대한 공부가 여전히 부족한 탓입니다. 하지만 좋은 시란 어떤 이론적 토대만으로는 설명될 수 없다는 게 제 지론입니다. 옥타비오 파스의 말처럼 시는 순수하면서 순수하지 않고, 다수의 목소리이면서 소수의 목소리이고, 집단적이면서 개인적이고, 천의 얼굴로 나타나지만 결국 인간의 헛된 아름다움을 숨기고 있는 가면이기를 개인적으로 믿고 바랄 뿐입니다.

　『나는 시를 모른다』는 지난 몇 년간 한 대학신문에 연재했던 글들을 따로 모은 것입니다. 시를 선별하는 데 있어 어떤 특별한 기준을 적용한 것은 아닙니다. 그때그때 생각나거나 메모해 두었던 시와 그와 관련된 이야기들을 투박하고 거칠게 모아놓은 것들입니다. 다만 시를 처음 대하거나, 시 읽기에 대한 두려움이 앞서는 분들에게 소중한 이정표가 되길 바랄 뿐입니다. 또한, 이 책이 누군가에게 문득 작은 위로가 되었으면 하는 바람도 굳이 숨기지는 않겠습니다.

이 책에는 다 소개하지 않았지만, 한국문학작품에는 좋은 시들이 아주 많습니다. 추후 다른 기회를 통해 증명할 예정입니다. 아울러 이 책에 흔쾌히 작품수록을 허락해주신 시인들에게도 진심으로 감사드립니다. 아무쪼록 그동안 시를 잊고 살았던 마음에 이 책이 작은 불씨로 되살아나길 기대합니다.

2018년 겨울
글마음조각가 김정배

■ 차례

책을 펴내며 ... 4

1부 질투가 스민 질문만 하지 않았더라면

안상학, 「얼굴」 _ 쪼그리고 앉아야만 볼 수 있는 얼굴들 ... 12

김유석, 「뱀의 문장을 쓰는 가계」 _ 내 몸에도 차가운 피가 흐른다 ... 14

김명인, 「독창」 _ 찌꺼기까지 기꺼이 받아 마실 어떤 비굴함으로 ... 16

구상, 「가장 사나운 짐승」 _ 질투가 스민 질문만 하지 않았더라면 ... 18

함성호, 「미치겠네」 _ 아무리 악을 써대도 눈길조차 주지 않는 세상 ... 20

유병록, 「습관들」 _ 내 삶을 소유하고 있던 타자들의 습관 ... 22

이상, 「거울」 _ 삶 자체가 난해하고 기묘하기 때문 ... 25

길상호, 「도무지」 _ 우리의 생을 옥죄며 달려드는 것들 ... 28

기형도, 「질투는 나의 힘」 _ 상념과 질투로 가득 찬 마음 공장 ... 31

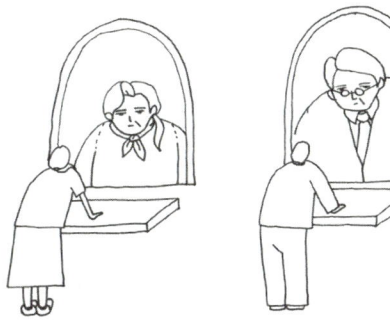

2부 우리의 마음을 절실하게 파고드는 것들

현택훈, 「당신의 일기예보」_ 오늘의 운세에 마음 머물러 있을 당신	...	36
차창룡, 「찜질방」_ 지구는 살아 있는 사람들의 산 무덤	...	38
이현승, 「병간」_ 자신의 상처는 스스로 위로받을 때 치유된다	...	40
박판식, 「윤회」_ 당신과 나는 애초부터 하나이거나 둘이었다	...	42
정양, 「이별」_ 이별이라는 행위가 몸에서 멀어질수록	...	44
유홍준, 「사람을 쬐다」_ 곰팡이 핀 몸으로 아직도 사람을 그리워하듯	...	46
황지우, 「너를 기다리는 동안」_ 우리의 마음을 절실하게 파고드는 것들	...	48
강윤미, 「너와 나의 큐레이터」_ 서로의 감정을 눈여겨볼 줄 아는 마음	...	50
신미나, 「싱고」_ 불에 타지 않는 어떤 기분들	...	54

3부 참으로 고요한 그 박장대소

전동진,「**수화**」_ 참으로 고요한 그 박장대소 ... 58

이영옥,「**폭설3**」_ 꼽냐, 꼬우면 군대 빨리 오든가 ... 60

김종삼,「**장편2**」_ 누구보다 당당했던 거지 소녀 ... 62

윤성학,「**구두를 위한 삼단논법**」_ 모든 흔적은 주름이 증명한다 ... 65

정호승,「**산산조각**」_ 자신만의 결핍을 완성한다는 것 ... 68

김정배,「**라일락꽃 피고 질 때**」_ 라일락꽃 피고 질 때 나는 태어났다 ... 70

나희덕,「**방을 얻다**」_ 마음이 사는 빈방에 마음으로 세 들어 살기 ... 74

여태천,「**스윙**」_ 타자는 공을 보고 방망이를 휘두르지 않는다 ... 76

유하,「**연애편지**」_ 학교에서는 결코 배울 수 없는 쿵푸 ... 79

4부 딱 그만큼의 햇살과 한 줌의 바람

강태승, 「칼의 노래」_ 칼은 죽음보다 견고하다	... 82
정용화, 「주파수」_ 딱 그만큼의 햇살과 한 줌의 바람	... 84
조용미, 「소나무」_ 상처나 절망을 의연하게 감내하는 소나무	... 86
문성해, 「깨지지 않는 거울」_ 깨진다는 것은 자기를 완성하기 위한 수단	... 88
김형미, 「등꽃」_ 등꽃의 자주색은 상처를 견딘 흔적이다	... 90
유강희, 「억새꽃」_ 그저 뒤엉킨 실타래 같은 억새꽃을 바라보며	... 93
홍영철, 「꿈 곁에서」_ 그래도 꿈은 꿈이다	... 95
안도현, 「공양」_ 물질과 마음의 경계를 두서없이 허물어트리고	... 97
이영광, 「물불」_ 여자는 여자를 버리는 순간 여자가 된다	...100

5부 명함에도 명함이 필요한 시대

문정희, 「강」 _ 웃고 떠드는 사이 슬픔은 기쁨이 되고 ...104

안성덕, 「몸붓」 _ 참빗과 좀약 그리고 고무줄을 사는 이유 ...106

이문재, 「산책로 밖의 산책」 _ 진정한 삶의 리듬과 사유의 자유를 ...108

박태건, 「저수지의 개뼉다귀」 _ 유독 어디서 굴러먹던 개뼉다귀의 감정 ...111

손택수, 「눈이 삐다」 _ 내가 눈이 삐었지 ...114

기형도, 「소리의 뼈」 _ 소리의 뼈라 할 수 있는 침묵 ...116

함민복, 「명함」 _ 명함에도 명함이 필요한 시대 ...118

이선영, 「21그램」 _ 21그램을 제외한 내 몸의 무게 ...121

박철, 「영진설비 돈 갖다 주기」 _ 외상값을 갚는 일조차 일이 되는 사내 ...124

시 작품 출처 ...127

1부

질투가
스민
질문만
하지
않았더라면

얼굴

안상학

세상 모든 나무와 풀과 꽃은
그 얼굴 말고는 다른 얼굴이 없는 것처럼
늘 그 얼굴에 그 얼굴로 살아가는 것으로 보인다

나는 내 얼굴을 보지 않아도
내 얼굴이 내 얼굴이 아닌 때가 많다는 것을 알고 있다

꽃은 어떤 나비가 와도 그 얼굴에 그 얼굴
나무는 어떤 새가 앉아도 그 얼굴에 그 얼굴

어쩔 때 나는 속없는 얼굴을 굴기도 하고
때로는 어떤 과장된 얼굴을 만들기도 한다
진짜 내 얼굴은 껍질 속에 뼈처럼 숨겨두기 일쑤다

내가 보기에 세상 모든 길짐승, 날짐승, 물짐승도
그저 별 다른 얼굴 없다는 듯
늘 그렇고 그런 얼굴로 씩씩하게 살아가는데
나는, 아니래도 그런 것처럼, 그래도 아닌 것처럼
진짜 내 얼굴을 하지 않을 때가 많다

나는 오늘도
쪼그리고 앉아야만 볼 수 있는 꽃의 얼굴과
아주 오래 아득해야만 볼 수 있는 나무의 얼굴에 눈독을 들이며
제 얼굴로 사는 법을 배우고 있는 중이다

쪼그리고 앉아야만 볼 수 있는 얼굴들

"내 얼굴은 껍질 속에 뼈처럼 숨겨두기 일쑤"라는 구절에서 가슴이 뜨끔합니다. 얼굴이 마음이고 마음이 얼굴이던 때가 언제였나요. 기억할수록 까마득합니다. 세상의 모든 길짐승과 날짐승 그리고 물짐승은 별다른 얼굴이 없다는 듯 자신의 얼굴만으로도 씩씩하게 살아가는데, 유독 인간만은 그렇지 못한 것 같아 씁쓸하기만 합니다.

얼굴은 시선의 장소입니다. 타인을 보면서 동시에 타인에게 보이는 장소이지요. 그래서인지 인간은 자신의 얼굴 속에 또 다른 얼굴을 종종 숨겨 놓습니다. 가면 속에 얼굴을 숨긴 사람과 얼굴 속에 가면을 숨긴 사람 중 누가 더 무서운 사람일까, 고심하면서 말이지요.

사실 사람의 얼굴을 두고 가타부타하는 일은 허망합니다. 가면도 오래 묵으면 진짜 얼굴이 되기 때문입니다. 하지만 우리가 기억해야 할 것은 쪼그리고 앉아야만 볼 수 있는 꽃의 얼굴과 아주 오래 아득해야만 볼 수 있는 나무의 얼굴이, 오늘 아침 세면대 앞 거울 속에서 보았던 민낯의 얼굴과 별반 다르지 않다는 사실입니다.

뱀의 문장(紋章)을 쓰는 가계(家系)

김유석

물려받은 건 배를 깔고 기는 법
소리 없이 혓바닥을 날름거리는 버릇, 그리고
소름이 돋을 만큼의 징그러움 뿐이었다.

유전이라 이르지 마시기를, 그러니까
독은 후천적으로 생성된 내성의 결과물이다.
뭔가 왜곡된 듯한 몸
뭔가 제어된 듯한 자세로 나아가는 세상으로부터
조금씩 삼투되어 고이기 시작한 그것,
대가리를 치들게 하고
찢어질듯 아가리가 벌어지게 하고
똬리를 틀고 웅크릴 줄 알게 만드는 그것은
자학의 증거이자
고통이 없으면 감각도 무뎌지는 생의
마약과 같은 것이다. 먹이를 물어 삼킬 때마다
함께 밀어 넣어야 하는 스스로의 독에
퍼렇게 중독된 몸 어디, 한때
세상을 다스렸던 파충(爬蟲)의 위엄은 흔적조차 없고
진화와 퇴화가 동시에 이루어지는 듯한 형체로
누대에 걸쳐 무고한 죄질에 시달려야 하는

나는 난태생(卵胎生), 나는 곡선으로 나아가고
제 몸을 쥐어트는 가학적인 문양을 둘렀고
그리고, 나의 피는 차갑다.

내 몸에도 차가운 피가 흐른다

'뱀'이라는 단어는 어딘지 모르게 관능적입니다. 전라도 말로 '비암' 혹은 '배암'이라고 바꿔 부르면 섹시한 기분마저 듭니다. "소리 없이 혓바닥을 날름거리는 버릇", "소름이 돋을 만큼의 징그러움"은 "소리 잃은 채 날름거리는 붉은 아가리"(서정주, 「화사」 부분)의 이미지와 매우 흡사하지만, '독'을 유전으로 받아들이지 않는 시적 사유만큼은 그 의미를 달리합니다.

시인은 독을 후천적으로 생성된 내성의 결과물로 인식합니다. 대가리를 치들게 하고, 아가리를 벌어지게 하고, 웅크릴 줄 알게 만드는 기저로 말이지요. 또한, 독이 자학의 증거이자 마약이라고 정의하는 부분에서는 "스스로의 독에 중독된 몸"으로서의 가계를 확인합니다.

뱀이 시인 자신으로 치환되는 것이 설득력을 갖는 것은 이 때문입니다. "진화와 퇴화가 동시에 이루어지는 형체"와 "고통이 없으면 감각도 무뎌지는 생"이란 게 바로 우리네 삶을 두고 하는 말이기 때문입니다. 부모의 태반에 빚지지 않고 태어나는 뱀. 세상의 모든 독은 실은 유전이 아니라 가학의 몸부림이었다는 것을 생각하니, 어느새 내 몸에도 차가운 피가 흐릅니다.

독창(毒瘡)

김명인

치명(致命)에 들려서라도 돌파하고 싶었던
연애가 있었다 하자, 그 찌꺼기까지
기꺼이 받아 마실 어떤 비굴함도
뱃바닥으로 끌고 가면서
할 수 있다면 나, 독배(毒杯) 끝까지 놓고 싶지 않았다
아편에 저린 듯 자욱한 몽롱을 헤쳐 나왔지만
문제는 난파한 뒤에도 오랫동안 거기 계류되어 있었다는 것
이명처럼 흔들어서 나를 깨운 것은
누구의 부름도 아니었다
한 구덩이에 엉켜들었던 뱀들
봄이 오자 서로를 풀고 구덩이를 벗어났지만
그 혈거 깊디깊게 세월을 포박했으니
이 독창은 내가 내 몸을 후벼파서 만든 암거(暗渠)!
서로에게 흘려보낸 저의 독으로
마침내 지우지 못할 흉터를 새겼으니
허물 벗은 뱀은 제 허물이더라도
벗은 허물을 다시 껴입을 수 없는 것을!

찌꺼기까지 기꺼이 받아 마실 어떤 비굴함으로

여기 백발성성한 노인이 있습니다. 그는 지난여름 휴양지에서 만났던 한 소녀를 잊지 못합니다. 노인은 소녀의 집으로 무작정 달려갑니다. 소녀의 부모는 두 사람의 만남을 결사적으로 반대합니다. 이제 그가 할 수 있는 일이라고는 사랑의 격정에 휘말리는 일뿐입니다. 노인은 자신의 주머니 속에서 성냥 한 개비를 꺼내 듭니다. "이 성냥개비 하나가 타는 동안만이라도 그녀를 볼 수 있게 해주시오."

연애의 감정은 누구에게나 처절하지만, 괴테에게는 더욱 가혹했던 모양입니다. 73세의 노인이었던 괴테의 간곡한 청에도 불구하고, 그는 열아홉 울리케와의 사랑을 끝내 이루지 못합니다. 그의 사랑은 독창(毒瘡) 그 자체였을 것입니다. 그 덕에 우리는 『마리엔바트의 비가』라는 최고의 연애시를 우리의 곁에 두게 되었지만, 아직도 그가 느꼈을 연정을 생각하면 마음이 아득해집니다.

시인에게도 연애는 치명적입니다. 시인의 말처럼 사랑이란 찌꺼기까지 기꺼이 받아 마실 어떤 비굴함으로 우리에게 존재합니다. 뱀으로 비유되는 연애의 감정이 이토록 비굴한 것은, 겨우내 한 구덩이에 엉켜들었던 뱀들조차 봄이 오면 스스로를 풀어내기 때문입니다. 결국 독창은 내가 내 몸을 후벼 파서 만든 암거(暗渠)인 셈입니다.

이 작품의 진짜 압권은 "허물 벗은 뱀은 제 허물이더라도 / 벗은 허물을 다시 껴입을 수 없는 것을!"이라는 구절입니다. 저는 앞으로 제가 사랑하는 사람들에게 함부로 사랑한다거나, 용서한다는 말을 하지 않을 작정입니다. 한 번 말하면 두 번 다시는 말할 수 없기 때문입니다.

가장 사나운 짐승

구상

하와이 호놀룰루 시의 동물원,
철책과 철망 속에는
여러 가지 종류의 짐승과 새들이
길러지고 있었는데
지금도 잊혀지지 않는 것은
그 구경거리의 마지막 코스
'가장 사나운 짐승'이라는
팻말이 붙은 한 우리 속에는
대문짝만 한 큰 거울이 놓여 있어
들여다보는 사람들로 하여금
찔끔 놀라게 하는데
오늘날 우리도 때마다
거울에다 얼굴도 마음도 비춰보면서
스스로가 사납고도 고약한 짐승이
되지나 않았는지 살펴볼 일이다.

질투가 스민 질문만 하지 않았더라면

그림 형제가 펴낸 백설 공주를 다시 읽습니다. 네 살배기 딸아이를 위해 "거울아, 거울아! 세상에서 누가 제일 예쁘니?"라는 구절도 멋지게 낭독해 주었지요. 동화를 다 읽고 난 후 사뭇 진지해진 딸아이에게 동화 속 주인공이 누구냐고 물어봅니다. 딸아이는 뜻밖에도 백설 공주나 왕비 혹은 왕자가 아닌 '거울'이라고 대답합니다. 그 이유에 관해 물었더니, 왕비가 거울 앞에만 서지 않았더라면, 질투가 스민 질문만 하지 않았더라면, 착한 백설 공주가 독이 묻은 머리빗도 독이 든 사과도 피해 갔을 거라는 의미였습니다. 그러니 동화 속 진짜 주인공은 단연 거울이라는 이야기였습니다.

딸아이를 위한 동화 구연이 끝난 후 제 머릿속에는 하와이 호놀룰루시의 동물원에 설치되었다는 거울 이야기가 떠올랐습니다. 호놀룰루 동물원에서 가장 사나운 짐승은 '큰 거울'입니다. 그 큰 거울은 사람의 내면을 지니고 있다지요. 그래서 거울에 자신의 얼굴을 비쳐 본 사람은 내면을 자신에게 들키게 되어 찔끔 놀라게 된답니다. 동물원의 가장 사납고도 고약한 짐승이 바로 자신이기 때문이지요.

세상의 수많은 동물 중 유일하게 사람만이 웃음을 지니고 있다고 합니다. 그 웃음 뒤에 서식하는 시기며 질투며 욕심 같은 감정들은 마치 거울의 뒷면에 묻은 수은과도 같습니다. 유일하게 겉과 속이 다른 동물인 사람. 마음의 뒷면에 묻은 사납고 고약한 수은만 조금씩 덜어내 보면 어떨까요. 또 모를 일이지요. 언젠가 우리도 한 장의 투명한 거울이 되어 있을지도. 물론 거울도 거울로서의 존재 의미와 쓸모의 영역이 분명 있을 겁니다. 제 말은 그저 '살면서 사람이 될 수 없다면 독이 든 악마는 되지 말자', 뭐 그런 이야기입니다.

미치겠네

함성호

우체국에 불이 났다네
우리집 차도와 인도의 경계석이 박살났네
며칠은 청구서가 배달되지 않겠다고
사람들은 불구경을 하면서도
우리집 경계석엔 아무도 관심을 갖지 않네
미치겠네
경계석이 무너진다고 악을 써대도
소방관들은 한가롭게 불꽃에 물을 주고 있네
아내는 큰일났다 큰일났다 하면서도
텔레비전에서 눈을 떼지 않고
나는 경계석 근처에서 안타까워 떠날 수 없네
미치겠네
바퀴는 너무 무거워
우리집 경계석이 버틸 수 없네
아무도 우체국에 맡긴 사연은 없는지
사람들은 불꽃에 귀를 기울이다
집으로 돌아가 고기를 굽고 있네
미치겠네
우리집 경계석은 모양도 좋고 높이도 적당해서
앉아 있기 좋았다네
우체국에 불이 났다네
우리집 경계석도 박살났다네
미치겠네

아무리 악을 써대도 눈길조차 주지 않는 세상

하나의 사건이 어떤 결과를 불러올 경우 우리는 이 둘의 관계를 인과관계라고 합니다. 이러한 인과율은 원인과 결과의 관계를 고정해 놓지 않으면 곧바로 수사적 오류를 발생시킵니다. 본래 사건이란 여러 사건의 우연적인 배치에 따라 그 결과를 달리하기 때문입니다. 지금 사람들이 강 건너 불구경하듯 보고 있는 우체국의 화재는 사람들에게 다양한 결과의 원인으로 작용합니다. 내일부터 청구서가 배달되지 않는다든가, 소방관들이 한가롭게 불꽃에 물을 준다든가, 그도 아니면 불구경하던 사람들이 집으로 돌아가 고기를 굽는 행위들로 말이지요.

시인에게 우체국의 화재보다 더 시급한 것은 '바퀴의 무게'입니다. 자신이 소소하게 사랑해왔던 경계석을 박살 내는 주요인이 바로 이 바퀴이기 때문입니다. 경계석은 그동안 시인에게 "모양도 좋고 높이도 적당해서 / 앉아 있기 좋았던" 의자였나 봅니다. 차도와 인도의 경계 지점에서 아슬아슬하게 버텨왔던 존재의 자화상이기도 하였고요. 하지만 경계석이 무너진다고 아무리 악을 써대도 눈길조차 주지 않는 것이 이 세상입니다. 그래서 시인은 결국 '미치겠다'고 엄살 아닌 엄살도 부려 보지만, 사실 우리를 더 미치게 만드는 것은 미치고 싶어도 미쳐지지 않는 마음일 것입니다.

습관들

유병록

태어나기 전부터 몸에 새겨진 습관은
내 몸에 살았던 타인의 흔적

말하는 시간이 말하려는 날들인가 도착한 곳이 닿으려던 곳인가 부르는 이름이 부르려는 당신인가

나는 타인의 누적
습관은 내가 나의 하인일 뿐이라는 증거

나를 반복하는 중이다
머무르는 자, 곧 추방될 자, 나는 나에게 패배할 것이다……

습관은
앞서 지나간 자들이 남긴 계율
나는 나를 번복하지 못한다

내 삶을 소유하고 있던 타자들의 습관

나이가 들었다는 것은 감각이 축적되었음을 뜻합니다. 감각의 축적은 일정한 방식으로 우리 몸에 체득되면서 일종의 '몸틀'을 형성합니다. 한 자식으로 말하면 '신체도식(身體圖式)' 정도로 이해할 수 있을 것입니다. 메를로-퐁티는 이 몸틀에 대해 '인간이 어떤 하나의 행위를 하기 위해서는 처음 동작을 하나의 행위에 집중해야만 그 행위가 가능해진다'고 설명합니다. 가령, 글을 쓰기 위해서는 글을 쓰는 몸틀, 책을 읽기 위해서는 책을 읽는 몸틀이 필요한 것이지요. 이 몸틀이 우리 몸에 차곡차곡 쌓여 체득되면 인간은 어떤 상황에 놓임과 동시에 그 상황에 맞는 행동을 하게 됩니다.

해석의 차이는 있겠지만, 우리는 이 몸틀을 단순하게 '습관'이라고도 부릅니다. 습관은 인간이 어떤 행동을 하기 위한 전조인 동시에 자신의 정체성을 나타내는 결과입니다. 또한, 삶에 적응하고자 하는 일종의 몸부림인 동시에 삶을 효율적이고 안정적으로 유지하고자 하는 정신 운동입니다. 그런 이유로 인간은 태어나서 죽을 때까지 습관의 노예로 살아갈 수밖에 없습니다. 될 수 있으면 좋은 습관들을 몸에 붙이려고 하는 것도 이러한 이유 때문일 것입니다.

작품 속의 시적 화자는 습관을 "태어나기 전부터 내 몸에 살았던 타인의 흔적"으로 인식합니다. 지금껏 자신의 삶을 소유하고 있었던 게 타자들의 습관이었던 셈이지요. 시인은 습관을 어떤 대물림의 현상으로 바라봅니다. 동시에 자신의 삶에 누적된 타자의 습관을 "내가 나의 하인일 뿐이라는 증거"와 충돌하게 합니다. 이러한 습관의 충동은 "앞서 지나간 자들이 남긴 계율"에서 벗어나게 만들어 줍니다. 오늘부터라도 타자가 만든 습관에서 벗어나려는 충동을 통해 행동의 몸틀, 나아가 삶의 습관을 바꿔보는 것은 어떨까요.

거울

이상

거울속에는소리가없소
저렇게까지조용한세상은참없을것이오

거울속에도내게귀가있소
내말을못알아듣는딱한귀가두개나있소

거울속의나는왼손잡이오
내악수를받을줄모르는—악수를모르는왼손잡이오

거울때문에나는거울속의나를만져보지를못하는구료마는
거울아니었던들내가어찌거울속의나를만나보기만이라도했겠소

나는지금거울을안가졌소마는거울속에는늘거울속의내가있소
잘은모르지만외로된사업에골몰할께요

거울속의나는참나와는반대요마는
또꽤닮았소
나는거울속의나를근심하고진찰할수없으니퍽섭섭하오

삶 자체가 난해하고 기묘하기 때문

폴란드의 논리학자이자 수학자인 타르스키는 매우 흥미로운 이야기 하나를 우리에게 제시합니다. 흰 종이의 앞면에는 "이 뒷면에 있는 말은 거짓말이다"라고 적고 그 종이의 뒷면에는 "이 뒷면에 있는 말은 참말이다"라고 써놓았던 것이지요. 앞면에 쓴 말을 참으로 여기게 되면 뒷면에 있는 말은 자동으로 거짓이 됩니다. 뒷면에 있는 말이 거짓이 되면 "이 뒷면에 있는 말은 참말이다"가 거짓이 되기 때문에 다시 앞면의 말은 거짓이 됩니다. 그래서 뒷면에 말은 도리어 참이 되기도 합니다. 이런 아리송한 논리적 역전 현상을 시에서는 역설(paradox)이라고 말합니다. 얼핏 보기에는 모순되거나 불합리하게 보이지만, 가만히 생각해 보면 깊은 시적 의미를 숨기고 있는 모순 형용의 한 방법이지요.

이상의 「거울」은 '거울 밖의 나'와 '거울 속의 나'가 서로 긍정함으로써 부정하게 되고 다시 부정함으로써 긍정하게 되는 역설의 묘미를 잘 표현하고 있는 작품입니다. 거울 속의 나는 귀가 있지만 내 말을 알아듣지 못하는 '딱한 귀'를 가지고 있습니다. 결과적으로 보면 그 '딱한 귀'는 본래 거울 밖에 있는 나에게서 비롯된 것임으로 도리어 거울 밖의 내가 '딱한 귀'를 소유한 사람이 되고 맙니다. 거울 밖의 내가 오른손을 내밀면 거울 속의 내가 왼손을 내미는 것도 이와 같은 맥락에서 이해될 수 있지요. 그래서 시인은 거울 밖의 나와 거울 속의 나를 '참 반대이면서도 꽤 닮은' 모양새를 하고 있다고 고백합니다.

작품에 대한 이런 해석에도 이 시의 난해함은 여전히 유효한 것 같습니다. 비단 띄어쓰기의 문제나 시 형식의 낯섦 때문만은 아닐 테지요. 우리의 삶 자체가 거울 속의 모습처럼 난해하고 기묘하기 때문은 아닐까요. 그렇게 생각하니 난해하기만 한 이 작품이 다시 명징한 의미가 되어 내게 한 발짝 다가서는 것 같기도 합니다. 이것 역시 역설이라 할 수 있겠네요. 돌려 말해 미안합니다. 저는 그냥 우리의 인생 또한 '친밀하게 낯설다'라는 말을 하고 싶었습니다.

도무지

길상호

도모지(塗貌紙),
얼굴에 종이를 발라 자살하는 방법이 있었단다
물 적신 창호지로 눈 코 입 귀 모두 막고
물기와 함께 생을 증발시켰던 것이다
이승의 마지막 문턱을 위해 얼굴 구멍마다
창호지 문을 달던 사람이여,
침 바른 손가락 조용히 속내를 뚫어보면
세상 업보 닫으려는 그대가
문 안에 가부좌로 앉아 있는 것이다

가만히 앉아 있던 나에게 다가와
얼굴에 한 겹씩 종이를 바르는 사람이 있다
날카로운 햇살도 통과하지 못하는 문 안에서
그래도 살아보려고 헐떡이면
그대의 웃음소리는 참으로 따뜻하다
열어보려고 안간힘을 써도
도무지 열리지 않는 문,
몇 개의 손톱을 부러뜨리고서도
또 다시 문을 긁게 하는 그대가 있다

우리의 생을 옥죄며 달려드는 것들

〈혈의 누〉는 어느 외딴 섬에서 일어난 의문의 방화 사건과 끔찍한 연쇄 살인 사건을 다루고 있는 영화입니다. 19세기 초 조선 시대의 정치·문화·신분 제도와 수사 체계뿐만 아니라 당시 종이 제조에 이르기까지의 전 과정을 영화 곳곳에 꼼꼼하게 묘사하고 있습니다. 시선을 끄는 대목은 효시·육장·도모지·석형·거열 등과 같은 참형의 방법들입니다.

이 중 '도모지'는 집안의 윤리를 어긴 자녀를 죽이기 위해 사사로이 행해지던 조선 시대 사가의 한 사형 방식이었다고 합니다. 도모지(塗貌紙)의 뜻 그대로 몇 겹의 종이에 물을 묻혀 얼굴에 바른 후 질식사하도록 하는 끔찍한 형벌이었던 셈입니다. 물론 도모지는 이후 민간 어원설에 따라 '도무지'의 의미로 널리 쓰이게 되지만, 도모지는 여전히 우리가 '도대체 어떻게 할 방도가 없'는 삶의 형벌이자 의미의 형벌로 읽힙니다.

도무지라는 단어처럼 한 치 앞도 분간할 수 없는 게 우리의 생일 테지요. 연애의 감정 또한 마찬가지일 것입니다. 살다 보면 삶 자체가 문자 그대로 '도모지'라는 생각이 듭니다. "그래도 살아보려고 헐떡이면" 헐떡일수록 도모지는 점점 우리의 생을 옥죄며 달려들기도 합니다. 그러나 죽음까지도 함께 할 수 있는 "그대의 웃음소리"가 들린다면 "참으로 따뜻"한 죽음일 것 같기도 합니다.

부채나 창틀에 고졸한 자태를 뽐내며 붙어 있는 한지 한 장. 문득 누군가의 숨을 끊는 섬뜩한 살인 도구였다는 사실이 등골을 서늘케 합니다. 더 서늘한 것은 '말라가는 한지의 물기와 함께 우리의 생도 서서히 증발한다'는 것이겠지요. 이런 생각에 다다르니, 오늘따라 봄날의 햇살이 숨 막히게 아름답습니다.

질투는 나의 힘

기형도

아주 오랜 세월이 흐른 뒤에
힘없는 책갈피는 이 종이를 떨어뜨리리
그때 내 마음은 너무나 많은 공장을 세웠으니
어리석게도 그토록 기록할 것이 많았구나
구름 밑을 천천히 쏘다니는 개처럼
지칠 줄 모르고 공중에서 머뭇거렸구나
나 가진 것 탄식밖에 없어
저녁 거리마다 물끄러미 청춘을 세워두고
살아온 날들을 신기하게 세어보았으니
그 누구도 나를 두려워하지 않았으니
내 희망의 내용은 질투뿐이었구나
그리하여 나는 우선 여기에 짧은 글을 남겨둔다
나의 생은 미친 듯이 사랑을 찾아 헤매었으나
단 한 번도 스스로를 사랑하지 않았노라

상념과 질투로 가득 찬 마음 공장

조선 시대, 남편이 아내를 내쫓을 수 있는 일곱 가지 허물 중 하나는 여자의 질투(嫉妬)였다고 합니다. 사극이나 드라마의 단골 소재인 질투의 악역이 주로 여자였고, 보통의 남성보다 여성이 감정 표현에 더 솔직한 것을 생각해 본다면 그리 틀린 이야기만도 아닌 것 같습니다. 오죽하면 질투의 한자가 미워할 질(嫉)과 샘낼 투(妬)였을까요. 부수까지도 계집녀(女)를 쓰고 있는 걸 보니 질투는 꼭 여성의 상징처럼 이해되기도 합니다.

그러나 남녀를 불문하고 질투라는 감정 앞에서 자유로운 사람이 몇이나 될까요. 기형도의 시 「질투는 나의 힘」을 보면, 보통의 여자보다 더 강한 질투의 감정을 드러내는 한 사내가 나옵니다. 물론 이 시에서의 주인공이 남성인지 여성인지는 분명하지 않습니다. "구름 밑을 천천히 쏘다니는 개"나 "미친 듯이 사랑을 찾아 헤매"인 이미지를 놓고 볼 때 아마도 여성보다는 남성에 더 가까운 인물로 추측해 볼 뿐입니다. 이 시의 제목과도 같은 박찬옥 감독의 영화 〈질투는 나의 힘〉을 본 사람이면 더욱 이해가 빠르겠지요.

이 작품에서 사내는 자신의 마음에 "너무나 많은 공장"을 세웠다고 말합니다. "저녁 거리마다 물끄러미 청춘"을 세워 두었다고도 고백합니다. 상념으로 가득 찬 마음 공장의 생산물들, 청춘이 만들어 내는 내용을 기록하는 것에 대해 사내는 어리석다고 이야기합니다. 자신의 생에 남은 것이 '탄식'밖에 없기 때문이지요. 이 시에서 청춘은 마치 절망으로만 귀결되는 듯 보입니다. 하지만 이 이상한 정의가 우리의 마음을 묘하게 잡아끄는 것은 청춘에 있어 '질투'는 바로 '힘'이기 때문입니다. 잔인하지만 이 매력적인 시 앞에서 평생 질투를 앓다 간 자들의 삶을 다시금 떠올려 봅니다.

2부

우리의
마음을
절실하게
파고드는 것들

당신의 일기예보

현택훈

당신이 일기예보를 확인하는 것은
이 도시를 벗어나지 못하는
설운 편지체의 바람을 읽는 것
늦은 저녁상을 물린 당신은
습관처럼 내일의 일기예보를 확인한다
형광등이 등대처럼 불을 밝힐
당신의 방, 작은 만灣
목발을 짚은 듯 물결치는 파도가
밀물로 들어와 당신 발목을 적시겠지만
등압선을 따라
갈 수 있는 곳이라고 해봐야
사진 몇 장 걸어놓은 서쪽 창가
창문을 여는 당신
기압골 속에 빠진 기억
당신의 얼굴엔 내일의 비가 내리고
비파나무 이파리에 부딪히는 빗방울 소리 같은
이별이 찰 텐데
슬리퍼도 없이 맨발이면 어떡하나
거리의 나뭇가지가 자동차 불빛에 많이 흔들리면
다음날 비가 온다는 것쯤은
굳이 일기예보를 확인하지 않아도 알 수 있는
당신인데

오늘의 운세에 마음 머물러 있을 당신

잠자리가 낮게 날거나 비비새가 울면 비가 내린다고 합니다. 개미가 길을 가로지르거나 줄을 지어 가는 행위도 비가 내릴 징조입니다. 낮에 별이 뜨거나 뭉게구름 양떼구름이 서쪽 하늘에 가득 차는 것 또한 마찬가지겠지요. 시인은 "거리의 나뭇가지가 자동차 불빛에 많이 흔들리면 / 다음날 비가 온다"라고 덧붙입니다. 지극히 논리적이지 못한 이 시적 논리에 오래 마음이 머무는 것은 왜일까요.

논리적이지 못한 이 시적 예감은 삶의 확신이 되어 당신을 그리움의 기압골 속에 가두고 있습니다. 당신은 "목발을 짚은 듯 물결치는 파도"의 작은 방을 지켜보거나, 사진 몇 장이 되어 정박해 있는 서쪽 창가 주변을 서성이는 행위로 그리움을 달랠 뿐입니다. 일기 예보를 확인하는 행위가 부질없다는 것을 당신은 이미 알고 있습니다. 일기 예보도 그리움도 이미 먹통이 된 지 오래입니다. 당신에게 일기 예보는 이별에 대한 확실한 증거가 될 뿐입니다.

오늘도 늦은 저녁상을 물리고, 지나간 일기 예보나 오늘의 운세에 오래 마음 머물러 있을 당신. 오늘만큼은 당신의 얼굴에 내리고 있을 내일의 비가 오보이기를 진심으로 바랄 뿐입니다.

찜질방

차창룡

물과 불과 흙과 바람이 모여 우주를 창조하다
밤이라는 공간과 낮이라는 공간이 창조되었다
밤이라는 침실에서 잠을 자고
낮이라는 광장에서 먹고 놀고
가끔 자리를 펴고 꿈속으로 가면
모든 시간이 이곳에 있다
빙하 시대가 있고/화산 시대가 있고
은의 시대가 있고/철의 시대가 있고
과거와 오늘이 벽 하나를 사이에 두고
열대와 온대와 냉대가 연결되어
뜨거워졌다가 차가워졌다가 미지근해졌다가
모래시계가 통제하는 밀림과 초원과 사막 속으로
생활이라는 재난을 피해 이재민들이 몰려오면
물과 불과 흙과 바람의 무덤은 문을 열고
병든 가족과 지친 연인을 품에 안는다
집은 집에만 있는 것이 아닌가
우리 무덤에 가자
같이 갈래?

지구는 살아 있는 사람들의 산 무덤

한국 사람은 방(房)이란 단어를 좋아하는 것 같습니다. 거리만 나가보더라도 방이란 글자가 쓰인 간판이 즐비합니다. 만화방, 보드 게임방, PC방, 노래방에서부터 가끔은 입방아에 오르기도 하는 안마방, 키스방까지……. 유독 한국 사람만이 방이란 단어에 어떤 정서적 애착을 보이는 것 같습니다. 아마도 방은 개인에게 국한된 공간이 아니라 공동에 마련된 공간, 즉 '함께'하는 공간이기 때문이겠지요. 마치 겨울철 우리네의 사랑방처럼 말입니다. 한국인이 자주 애용하는 찜질방도 혼자가 아닌 여럿이 이용하는 사랑방 같은 공간 중 하나입니다. 그만큼 한국의 '방' 문화에는 우리 민족만의 독특한 정서와 공동체적인 심리가 반영되어 있는 것이지요.

저도 언젠가 처음으로 찜질방에 갔던 기억이 새록합니다. 동네 목욕탕에만 익숙했던 저에게 찜질방은 과연 별천지였습니다. 벽 하나 사이를 둔 공간마다 몽환적인 느낌의 방들이 배치되어 있었고, 밤이라는 공간과 낮이라는 공간이 자연스럽게 나뉘어 있었습니다. 빙하 시대와 화산 시대, 그리고 은의 시대와 철의 시대가 사람들의 체질에 맞게 알맞게 배치된 것도 무척 이색적이었습니다. 만약 그 옛날 불란서의 몽상가 바슐라르가 이 찜질방을 보았다면 과연 어떤 상상을 했을까, 잠시 고민해 보기도 하였습니다.

물과 불과 흙과 바람이 모여 이룬 찜질방에는 생활의 재난을 피해 온 이재민들과 병든 가족과 지친 연인들이 저마다의 사연으로 부족을 이루고 있습니다. 시인은 그곳을 무덤이라고 지칭합니다. 찜질방이 하나의 무덤인 것처럼 지구라는 이 공간이 어쩌면 살아 있는 사람들의 산 무덤이라는 생각이 듭니다. 어떤가요. 여러분도 그 무덤에 함께 가 보지 않으시렵니까?

병간

이현승

아픈 사람을 빨리 알아보는 건 아픈 사람,
호되게 아파 본 사람이다.
한 사나흘 누웠다가 일어나니
세상의 반은 아픈 사람,
안 아픈 사람이 없다.

정작 아픈 사람은 한 손으로 링거 들고
다른 손으로는 바지춤을 잡고
절뚝절뚝 화장실로 발을 끄는데
화장실 밖 복도엔 다녀온 건지 기다리는 건지
그 사람도 눈꺼풀이 무겁다.

방금 누고 온 오줌과 색이 똑같은
샛노란 링거액들은 대롱대롱 흔들리고
통증과 피로의 색이 저렇듯 누렇겠지 싶은데
몽롱한 눈으로 링거병을 보고 있자니
위로받아야 할 사람이 위로도 잘한다는 생각.
링거병이 따뜻하게도 보이는 것 같다.

자신의 상처는 스스로 위로받을 때 치유된다

가수 윤복희가 부르고, 모 음악 프로그램에서 임재범이란 가수가 다시 불러 인기를 누리게 된 곡이 하나 있습니다. 바로 〈여러분〉이란 노래이지요. 그 노래에는 "내가 만약 외로울 때면 누가 나를 위로해 주지"라는 가사가 나옵니다. 대중의 사랑을 받고 사는 가수라면 주저 없이 '바로 여러분'이라고 고백할 수 있겠지만, 그렇지 않은 사람이라면 아마도 그 질문에 쉽게 대답하기는 어려울 것입니다. 더군다나 몸이 심하게 아프거나 마음의 상처가 깊은 사람이라면 어떨까요. 상대방의 그 어떤 말도 위로가 되지는 못할 것입니다.

그러나 병원에 가 보면 상황은 180도 달라집니다. 내과, 외과, 이비인후과, 신경외과 등등 같은 병을 앓고 있는 사람들은 같은 병명을 가지고 있다는 사실만으로도 서로에게 위로를 받습니다. "아픈 사람을 빨리 알아보는 건 아픈 사람"이니까요. 그래서 병원 복도에서 마주치는 환자들은 늘 다른 환자를 통해 위로받거나 또 위로를 전하게 됩니다.

그렇게 한바탕 병의 홍역을 치르고 나면 정말로 "세상의 반은 아픈 사람"이라는 것을 알게 됩니다. 병을 앓는 동안 타인의 아픔을 헤아릴 줄 아는 시선을 갖게 되는 것이지요. 그 과정을 통해 우리는 결국 자신의 상처나 아픔은 스스로 치유되는 것임을 깨닫습니다. 굳이 다른 사람의 위로가 아니더라도 자신의 상처는 스스로 위로받을 때 치유됨을 알기 때문입니다.

그러고 보니 제 주변에는 위로받아야 할 분들이 많습니다. "위로받아야 할 사람이 위로도 잘한다"는 이 시의 구절처럼, 저도 오늘만큼은 '병간에 있는 사람'이 되어 누군가에게 심심한 위로의 말을 전하고 싶습니다.

윤회

박판식

고대 범어에서 윤회는 수레바퀴를 뜻했다
선선에서 윤회란 목숨을 빚진 사람은 반드시 다음 생에라도
목숨을 구해준 이에게 목숨을 바친다라는 뜻이었다
중국의 연나라에서는 연꽃 속에서 영원히 몸 섞는 여인이라는 뜻이었다
남자들로만 구성된 한 거리의 떠돌이 부족에게는
그녀는 죽었다 그러나 나는 그녀를 찾으러 나선다라는 뜻이었다
유마경에 나오는 향기의 나라에서는 태어나기도 전에
죽는다라는 뜻이기도 했다 어쨌든,
기원전 그리스의 한 상인이 서역을 지나간 적이 있다
그의 목적지는 윤회였다
불꽃과 얼음의 거대한 산을 넘어 먼지의 집들을 지나, 그는
서역의 한 작은 오아시스에 만들어진 나라에 도착했다
그곳에는 적어도 그가 다섯 번은 태어나기도 전의 사람들이
그의 도착을 기다리고 있었다
"나는 여태껏 아무런 빚도 지지 않고 살아왔다 자부했습니다"
"그러나 적어도 다섯 번을 태어나는 동안 네 번의 죽음에 빚을 지고 있었군요"
침착해라 변하지 않는 형상이란 없지 시간은 흐르지 않는다
그렇게 조급하게 굴 필요는 없어
어디로 가든 결국 네가 만나는 것은 바로 너니까

당신과 나는 애초부터 하나이거나 둘이었다

서기 전 150년경, 서북 인도를 지배한 그리스 왕 메난드로스와 불교 경전에 정통한 학승 나가세나는 다양한 비유를 활용해 '윤회'에 대해 정의한 바 있습니다. 그 둘 사이에서 오고 간 대론을 엮은 책 『밀린다팡하』에 따르면 윤회란 이 세상과 저 세상에서의 태어남과 죽음이 연속과 불연속을 통해 반복될 수 있음을 의미합니다. 어떤 사람이 과일나무의 열매를 먹고 난 뒤 그 씨앗을 땅에 심으면, 그 씨앗은 다시 나무로 자라고 그 나무에 달린 열매는 또다시 새로운 나무로 성장하듯이 윤회의 수레바퀴 또한 끝없이 반복될 수 있다는 비유겠지요.

궁금한 점은 '한 사람이 죽어서 다른 사람으로 태어나거나, 동물 혹은 식물이 되었을 때 이 둘은 같은 존재인가 아니면 전혀 다른 존재인가'에 관한 물음입니다. 불교의 깨우침을 잠시 빌려 이야기한다면 이 둘은 '같을 수도 있고 다를 수도' 있겠지요. A라는 등잔의 불을 B라는 등잔에 옮겨 붙일 때 A의 불과 B의 불은 같은 것이면서 다른 것이기 때문입니다. 유명한 '등잔의 비유' 중 한 대목이지요.

그렇다면 나와 당신은 어떨까요. 당신과 나는 태초부터 하나이거나 둘이었을 것입니다. 마치 아메바처럼 '너'라는 존재를 통해 '나'라는 존재를 무한 증식하고 있었을 테니까요. 굳이 등잔을 육체라 하고 등잔의 불을 마음이라고 전제하지 않아도, 윤회는 몸의 나고 죽음이 아니라 관계를 통한 마음의 옮겨감을 의미할 것입니다. 타자의 마음속에서 얼마나 많은 자신의 번뇌가 등잔의 불꽃처럼 되살아났다가 사라지는지, 오늘도 우리는 "죽음에 빚"지지 않고도 홀연 깨닫게 됩니다.

이별

정양

길가에 너를 내려놓고
남은 말들이 신호등에 걸려 머뭇거린다
뒷거울 속 네 발길 밑에는
사물이 거울에 보이는 것보다
가까이 있다고 적혀 있다

뒷거울 속은 멀어도 가깝고
뒤에 있는 것들은 가까워도 멀다
돌아보지 말자고 우리는
서로 뒤에 있는데
맘 놓고 돌아보라고
신호등에 걸린 세월도
저만큼씩 뒤에 있구나

멀리 보이는 슬픔보다
참아버린 말들이 가깝다
가까워도 멀리 보이는
뒷거울 속 네 뒷모습

이별이라는 행위가 몸에서 멀어질수록

원근법이란 인간의 눈으로 보는 공간(3차원)을 평면(2차원) 위에 묘사적으로 표현하는 회화 기법을 의미합니다. 르네상스 시대 때에는 이 원근법을 '마술'이라 부를 정도였다니, 원근법이 지니고 있는 신비감이 얼마나 대단했는지를 짐작게 해 줍니다.

자동차의 사이드 미러는 유일하게 원근법이 무시되는 공간 중 하나입니다. 먼 곳과 가까운 곳, 뒤에 있는 것들과 앞에 있는 것들이 서로 구분되지 않는 카오스(혼돈)의 공간이기도 합니다. 사이드 미러를 통해 물체의 멀고 가까움을 느끼기 위해선 오로지 거리 감각을 최대한 살려내야 합니다. 그 거리 감각은 사물의 멀고 가까움, 시선의 배치와 처리, 감정의 상태를 코스모스(질서)의 공간으로 이동시켜 주는 역할을 하게 합니다.

시인은 길가에 '너'를 내려놓고, 잠시 자동차가 신호등에 걸린 사이 사이드 미러를 들여다봅니다. 이때 시인의 눈에 보인 "사물이 거울에 보이는 것보다 가까이 있음"이라는 문구는 얼마나 매력적이었을까요. 이별이라는 행위가 몸에서 멀어질수록 마음에 닿아 있다고 생각하니 순간 어질어질합니다. 시인은 진작부터 이런 이별의 마술을 깨닫고 있었는지도 모릅니다. 멀어지면 멀어질수록 더욱 가까워지는 '이별'. "가까워도 멀리 보이는 뒷거울 속 네 뒷모습"이 이별 뒤에 더욱 간절해지는 것은 모두 이 때문일 것입니다.

사람을 쬐다

유홍준

사람이란 그렇다
사람은 사람을 쬐어야지만 산다
독거가 어려운 것은 바로 이 때문, 사람이 사람을 쬘 수 없기 때문
그래서 오랫동안 사람을 쬐지 않으면 그 사람의 손등에 검버섯이 핀다 얼굴에 저승꽃이 핀다
인기척 없는 독거
노인의 집
군데군데 습기가 차고 곰팡이가 피었다
시멘트 마당 갈라진 틈새에 핀 이끼를 노인은 지팡이 끝으로 아무렇게나 긁어보다가 만다
냄새가 난다, 삭아
허름한 대문간에
다 늙은 할머니 한 사람 지팡이 내려놓고 앉아 지나가는 사람들 바라보고 있다 깊고 먼 눈빛으로 사람을 쬐고 있다

곰팡이 핀 몸으로 아직도 사람을 그리워하듯

　살다 보면 우리는 자신도 모르는 사이 지각의 자동화에 빠지게 됩니다. 인간의 지각은 오랜 시간이 지나면 자동으로 습관화되기 때문이지요. 그래서 아무리 멋진 풍경을 마주 대하며 사는 사람일지라도 어느 순간 감각적으로 느껴지지 않는 경우가 종종 있습니다. 바닷가에 오래 산 사람이 파도의 속삭임이나 갈매기의 울음소리를 지각하지 못하게 되는 것과 같은 이치이지요.

　이 작품을 읽고 보니 놀랍게도, 일상의 흔한 풍경 그 자체가 오롯이 시가 되고 있네요. 시인의 눈에 띈 것은 다름 아닌 홀로 사는 독거노인입니다. 곰팡이 핀 몸으로 아직도 사람을 그리워하고 있다고 생각하니, 다행스러우면서도 한편으론 마음이 짠해지기도 합니다. 시인은 '쬐다'라는 동사 하나에 노인의 깊은 외로움을 잘 담아내고 있습니다. 사전적인 의미에서 '쬐다'는 '볕이나 불기운 따위를 몸에 받는 것'을 뜻하지요. 그 '쬐다'에 '사람'을 연결해 놓고 보니, 어떻습니까. 꽤 근사하지 않습니까. 문득, 시란 그리 멀리 있는 것은 아니라는 생각이 듭니다.

너를 기다리는 동안

황지우

네가 오기로 한 그 자리에
내가 미리 가 너를 기다리는 동안
다가오는 모든 발자국은
내 가슴에 쿵쿵거린다
바스락거리는 나뭇잎 하나도 다 내게 온다
기다려본 적이 있는 사람은 안다
세상에서 기다리는 일처럼 가슴 애리는 일 있을까
네가 오기로 한 그 자리, 내가 미리 와 있는 이곳에서
문을 열고 들어오는 모든 사람이
너였다가
너였다가, 너일 것이었다가
다시 문이 닫힌다
사랑하는 이여
오지 않는 너를 기다리며
마침내 나는 너에게 간다
아주 먼 데서 나는 너에게 가고
아주 오랜 세월을 다하여 너는 지금 오고 있다
아주 먼 데서 지금도 천천히 오고 있는 너를
너를 기다리는 동안 나도 가고 있다
남들이 열고 들어오는 문을 통해
내 가슴에 쿵쿵거리는 모든 발자국 따라
너를 기다리는 동안 나는 너에게 가고 있다.

우리의 마음을 절실하게 파고드는 것들

　기다림의 절실한 경험은 누구나 갖고 있겠지요. 얼핏 평범한 듯 보이는 이 작품은 지금껏 우리가 알고 있던 기다림과는 다른 인식을 보여줍니다. 작품 속에서 화자는 기다린다는 것에 대해 "너를 기다리는 동안 나도 가고 있다"고 단언합니다. 이러한 시적 사유는 마치 어떤 절박함의 끝을 몸소 견딘 사람의 행복한 절망으로 읽히기도 합니다. 그래서일까요. "세상에서 기다리는 일처럼 가슴 애리는 일 있을까"라는 다소 상투적인 시구까지도 왠지 뭉클하게 와닿습니다. 그렇다면 이 시의 화자가 그토록 기다리고 있는 '너'는 누구일까요? 지금 시를 읽고 있는 우리의 마음을 절실하게 파고드는 누군가가 혹은 무엇인가가 있다면, 바로 그것이겠지요. 작품 속에서 화자는 어쩌면 끝내 오지 않을지도 모르는 '너'를 기다리면서도 결코 절망의 포즈를 취하지 않습니다. 오히려 그 절망을 통해 기다림에 대한 설렘의 감정을 적절히 제어하고 있는 것은 아닌지요. 여러분도 "너였다가 / 너였다가, 너일 것" 같은 누군가를 기다리면서, 가슴에 쿵쿵거리는 모든 발자국 따라 간절하게 너에게 가고 계시는가요.

너와 나의 큐레이터

강윤미

사람과 사람 사이 그림 하나 걸려 있다

물감을 짜놓은 듯 어둠이 질퍽하다
다시 물감이 마르듯 달빛이 딱딱해진다

너는 사과와 접시와 유리병으로 이루어진 정물화
나는 꽃과 연못과 구름의 얼굴을 빌린 풍경화

너는 마음에 든 탁자 위에 하얀 식탁보를 깔고
사과와 접시와 유리병의 위치를 정한다
꽃과 연못과 구름이 있는 공원으로 간 나는
액자와 어울리는 오전 11시를 고른다

너에게는 사물의 각도에 따른
그림자와 어둠의 밀도가 필요하다
나에게는 햇빛이 비치는 각도와
풍경의 감정을 눈여겨볼 줄 아는 마음이 필요하다

네가 남겨놓은 고요를 배우며
사물은 사물로 완성되어간다
시간의 원근법, 내 붓은
풍경으로부터 벗어난 풍경이 된다

사람들은 네가 선택한 사물이 상징하는 의미를 찾으려
눈을 붉힌다 내가 선택한 풍경 속에서
피로한 눈빛을 쉬게 한다

너를 이해하는데 나의 언어가 필요하고
나를 이해하는데 너의 언어가 필요하다
우리는 서로에게서 빗나간
액자 밖의 시간이 절실하다

사람과 사람 사이, 언어로 그리다 만
벽 하나 걸려 있다

서로의 감정을 눈여겨볼 줄 아는 마음

니콜라스 세로타의 『큐레이터의 딜레마』라는 책을 보면 큐레이터가 하는 일과 그 역할에 관해 기술하고 있습니다. 가장 중점적으로 이야기하는 핵심 화두는 '미술관의 작품은 이제 누구의 것인가' 하는 문제입니다. 이 물음의 기저에는 결과적으로 객관적이라고 평가받았던 큐레이터의 역할이 감소하고, 개인의 주관적인 해석이 강화되고 있음을 나타냅니다. 또한, 니콜라스 세로타는 해석의 방법과 수준을 증진시키기 위해 경험의 오묘한 병치를 강조합니다. 관람자들이 자신의 특정한 관심과 감수성을 탐험해 가면서 변화하는 관계의 모형을 창출하는 것이지요. 이 지점에서 우리는 큐레이터가 지닌 딜레마를 경험하게 됩니다. 큐레이터는 작품에 대한 정확한 해석과 정보를 제공하는 역할을 해야 하는지 아니면 개인의 체험을 강화하는 중매자가 되어야 하는지 말입니다.

「너와 나의 큐레이터」 속의 '너'와 '나'는 각자 자신만의 '경험'과 '해석' 사이에서 골몰합니다. 서로를 '정물화' 또는 '풍경화'로 인식하고 있기 때문입니다. 당연히 상대방을 이해하는 방식에도 큰 차이를 보입니다. "너에게는 사물의 각도에 따른 / 그림자와 어둠의 밀도가 필요하다 / 나에게는 햇빛이 비치는 각도와 / 풍경의 감정을 눈여겨볼 줄 아는 마음이 필요하다"라고 말하는 이유도 이 때문입니다.

다행인 것은 작품 속의 '나'와 '너'는 서로의 감정만을 고집하지 않습니다. "서로에게서 빗나간 / 액자 밖의 시간"을 절실하게 찾으려고 노력하기 때문입니다. 서로를 이해하기 위해 상대방의 언어가 필요하다고 말하는 이 두 사람 사이에서 우리가 감상하게 되는 것은 그림이든 사람이든 '경험'이나 '해석'이 중요하지 않다는 사실입니다. 정작 중요한 것은 서로를 진심으로 대하려는 마음이 중요하다는 것을 이 시를 통해 다시 한 번 큐레이팅하게 됩니다.

싱고

신미나

십년 넘게 기르던 개가
돌아오지 않았을 때
나는 저무는 태양 속에 있었고
목이 마른 채로 한없는 길을 걸었다
그때부터 그 기분을 싱고, 라 불렀다

싱고는 맛도 냄새도 없지만
물이나 그림자는 아니다
싱고가 뿔 달린 고양이나
수염 난 뱀일지도 모른다고 생각한 적 있지만
아무래도 그건 싱고답지 않은 일

싱고는 너무 작아서
잘 알아보지 못할 때가 많다
풍선껌처럼 심드렁하게 부풀다가
픽 터져서 벽을 타고 흐물흐물 흘러내린다
싱고는 몇번이고 죽었다 살아난다

아버지가 화를 내면
싱고와 나는 아궁이 앞에 앉아
막대기로 재를 파헤쳐 은박지 조각을 골라냈다
그것은 은단껌을 싸고 있던 것이다

불에 타지 않는 것들을 생각한다
이상하게도

불에 타지 않는 어떤 기분들

만지면 모든 것이 황금으로 변하는 미다스의 손. 이 이야기는 황금에 대한 욕망과 그 욕망이 초래한 결과가 어떠한지를 우리에게 우회적으로 보여 줍니다. 주목할 것은 미다스는 기존의 사물을 황금으로 변화시키는 재주는 있으나, 황금을 직접 만들지는 못했다는 사실입니다. 이와는 다르게 연금술은 비금속으로 황금을 만드는 기술을 뜻합니다.

시인은 미다스와 연금술 사이를 오가는 존재입니다. 미다스처럼 단어의 성분을 바꿀 수도 있고 연금술사처럼 감정의 화학 작용을 일으켜 새로운 시어를 창조할 수도 있습니다. 싱고! 작품 속 화자는 언젠가부터 자신의 감정에서 추출된 기분을 '싱고'라 칭합니다. 싱고의 의미를 사전적으로 명확히 설명할 순 없지만, 감정적으로는 이해가 되는 단어이기도 합니다.

작품 속 화자는 자신의 또 다른 자아로 대변되는 싱고를 데리고 현재 아궁이 앞에 앉아 있습니다. 막대기로 재를 파헤치면서 처음부터 '불에 타지 않는 어떤 기분'을 생각합니다. 저는 "몇 번이나 죽었다 살아난" 이 싱고 앞에서 슬픔이나 절망 혹은 그와 비슷한 감정들을 추출하기보다는 기쁨이나 행복 같은 따뜻한 단어를 떠올리고 싶습니다. 아무래도 그건 싱고답지 않은 일이니까요.

3부

참으로
고요한
그 박장대소

수화

전동진

막차에 오른 스물 무렵 두 사내
무람없이 뒤떠들며 너릿재를 넘는다

참! 고요도 하다 그 박장대소

벽나리에서 내린 이가 어둠을 등에 지고 커다랗게 한마디를 던진다 초봄, 차창을 분주하게 뛰다니는 남은 이의 손길이 아쉽고도 따사롭다

숨가쁜 손짓들이 유리창에 깃들 적마다
꾸욱 꾹 붙박히는 수화(手話)의 메아리

그 반향(反響)의 순간
손의 숨결이 피워 올리는 한무더기 손꽃이 향그럽다

참으로 고요한 그 박장대소

 불가에서는 관음(觀音)이 '소리를 본다'라는 의미로 쓰입니다. 관음은 팔만대장경의 정수로 손꼽힐 만큼 불자들에게는 중요한 마음 수행법 중 하나입니다. 꼭 신심이 깊은 불자가 아니더라도 우리는 그 수행법에 일상의 감각을 집중시키기도 합니다. 가령 한밤중에 불을 끄고 누우면 눈 속에 감춰져 있던 소리가 하나둘씩 되살아나는 경험을 하게 됩니다. 시계 초침 소리, 냉장고 소리, 자동차 경적, 멀리 희미한 기적 소리까지 모두 형태를 지닌 사물들로 말이지요.

 시 속에 등장하는 두 사내는 단순히 손으로만 대화하는 것이 아닙니다. 그 둘은 관음의 본뜻 그대로 소리를 보고 있습니다. 스물 무렵의 두 사내의 수화를 지켜보는 시인 또한 소리를 보고 듣습니다. 손짓으로 무람없이 뒤떠드는 두 사내에게도 우스운 세상 이야기 하나쯤은 있었겠지요. 이내 둘의 수화 속에서 '참으로 고요한 박장대소'가 터져 나옵니다.

 수화에서 박장대소를 들을 줄 아는 사람이 세상에 몇이나 있을까요. 단언컨대 이 구절은 청마의 '찬란한 슬픔'이나 '소리없는 아우성'의 표현을 능가하는 모순 형용입니다. 시인은 더 나아가 유리창에 깃든 수화의 메아리까지도 보고 듣습니다. 메아리는 이내 반향을 통해 한 무더기 손꽃으로 피어납니다.

 '향그럽다'는 '향기롭다'의 잘못된 형용사이지만, 이 시에서는 오히려 향그럽다가 더 잘 어울립니다. 사실 수화에서는 그 어떤 문법도 필요 없습니다. 맞춤법과 띄어쓰기를 무시하고서라도 수화가 아름다운 건, 반드시 서로의 눈을 마주 보고 있을 때 비로소 대화가 가능하다는 점입니다. 뒤돌아서도 되는 건 둘의 대화가 모두 끝났을 때뿐입니다.

폭설 3

이영옥

아들이 군인이 되어 돌아왔다
돌아가신 아버지가 입대할 때도 나돌던
군대 가서 죽으면 개죽음이라는 말을 명찰처럼 달고 왔다
군대 갔다 오면 철든다는 것은 흰 눈을 보고 검은 눈이라고
어떤 분노도 담지 않고 복창할 수 있게 되었다는 뜻이다

철렁철렁 쇳소리를 내는 군화는
위계질서로 단단하게 묶여 있었다
발은 그 안에서 다른 방향을 참고 있었다

아들이 귀대를 했다
침대에는 군대에서 세상을 배웠다는 실용서가 발가벗고 있었다
며칠 후 보던 책을 찢은 선임에게 대든 아들이
각 잡힌 목소리로 전화를 했다
밤새 기합처럼 눈이 펑펑 쏟아졌고
견딜 수 없는 것을 견디는 것들은
제가 낼 수 있는 가장 씩씩한 소리를 냈다

공중전화가 뚜뚜 신호음을 흘리며 멀어졌다
유리창이 펄럭거렸다
아무리 쓸어내도 그대로인 눈처럼
알 수 없는 깊이를 품은 지점이었다

꼽냐, 꼬우면 군대 빨리 오든가

여자들이 싫어하는 이야기 세 가지가 있다지요. 축구 이야기, 군대 이야기, 군대에서 축구 경기를 한 이야기. 그런 여자들이 어느 땐가 어머니가 되면 '군대'라는 말만 들어도 귀를 쫑긋 세우게 됩니다. 언젠가 군대 이야기를 소재로 한 텔레비전 프로그램 〈진짜 사나이〉가 인기를 끈 것도 어머니라는 맹목적 시청자가 있었기 때문일 것입니다. 여기에 '곰신'(군대 간 애인을 기다리는 사람)까지 더하면, 군대에의 관심은 그야말로 장난이 아닙니다.

아들이 군인이 되어 돌아온 걸 바라보는 부모의 마음은 어떨까요. "군대 가서 죽으면 개죽음이라는 말"은 당부보다는 위로에 가깝습니다. "군대 갔다 오면 철든다"라는 말은 시인의 말처럼 "흰 눈을 보고 검은 눈이라고 / 어떤 분노도 담지 않고 복창할 수 있게 되었다는 뜻"일 테니까요.

문득 훈련병 시절, 급성 복통 때문에 찾아간 의무실에서 동생뻘인 한 선임이 제 가슴에 안티프라민을 듬뿍 발라 주던 기억이 납니다. "꼽냐, 꼬우면 군대 빨리 오든가"라고 갈구던 그 선임의 표정이 마치 폭설 같았지요. "흰 눈을 보고 검은 눈"이라고 대들었는지 아닌지 기억나진 않지만, 그 눈 다 치우고 나면 '육군 병장 만기 제대'라는 사실은 지금도 변함없이 제 기억 속에 군기처럼 쌓여 있습니다.

장편(掌篇)2

김종삼

조선총독부가 있을 때
청계천변 10전 균일상 밥집 문턱엔
거지소녀가 거지장님 어버이를
이끌고 와 서 있었다
주인 영감이 소리를 질렀으나
태연하였다

어린 소녀는 어버이의 생일이라고
10전짜리 두 개를 보였다.

누구보다 당당했던 거지 소녀

 마이크로네시아의 캐롤라인 군도 서쪽에 위치한 얩섬은 '돌화폐의 섬'으로 유명합니다. 얩섬 사람들은 크고 단단한 돌을 골라 정성껏 다듬어 돌바퀴를 만든 후, 중앙에 나무 막대기를 끼워 화폐로 사용합니다. 돌화폐를 소유한 이들은 돌바퀴 하나로 살림에 필요한 가재도구와 옷가지 그리고 음식 등을 부족함 없이 구매한다고 합니다.

 재미난 것은 돌 화폐의 크기가 대략 40~50cm인데, 돌의 크기가 크면 클수록 이곳 사람들에게는 큰 재산가로 인식된다는 점입니다. 그런 이유로 얩섬에서의 가장 큰 부자는 오래전 바다에 돌화폐를 빠트린 사람이라고 합니다. 섬에 사는 사람들 중 누구도 돌화폐를 보거나 만져본 적도 없기 때문입니다. 돌화폐는 얩섬 사람들의 상상 속에서만 크기와 부피를 늘려갈 뿐입니다.

 일반적으로 돈으로 지칭되는 화폐는 '돈을 번다'와 '노력하다'라는 뜻 모두를 함의합니다. 단순히 상품의 교환이나 유통 수단에만 머무르지 않는다는 것이지요. 두 가지 의미 중 특히 '노력하다'라는 말에 시선을 두는 이가 있다면, 그는 화폐가 지닌 진정한 가치가 '신뢰'와 '믿음'에 있음을 아는 사람일 것입니다.

 시 속의 거지 소녀에게 눈길을 한번 돌려 보지요. 조선총독부가 있을 시절이니 누구라도 주머니 사정은 뻔했을 겁니다. 그러나 거지 소녀는 청계천변 균일상 밥집 문턱에 누구보다 당당하게 서 있습니다. 그것도 거지 장님 어버이를 이끌고 말이지요. 식당 주인 영감의 문전박대는

당연지사겠지만, 거지 소녀는 당황하지 않고 오늘이 바로 "어버이의 생일"이라며 오히려 10전짜리 동전 두 개를 내밉니다.

  돈의 눈치를 보지 않는 이 모습을 우리는 얼마 만에 목격하고 있는 것일까요. 천진과 난만 사이에서 진정한 화폐의 가치가 무엇인지를 깨닫게 해 주는 거지 소녀. 앱섬의 사람들이 그러했듯이 청계천 균일상밥집 앞의 거지 소녀가 그러하듯이 오늘 하루만큼은 어린아이의 손바닥이, 내가 사는 이 나라의 유일한 화폐였으면 좋겠습니다.

구두를 위한 삼단논법

윤성학

갈빗집에서 식사를 하고 나오다가
신발 담당과 시비가 붙었다
내 신발을 못 찾길래 내가 내 신발을 찾았고
내가 내 신발을 신으려는데
그가 내 신발이 내 신발이 아니라고 한 것이다
내가 나임을 증명하는 것보다
누군가 내가 나 아님을 증명하는 것이
더 참에 가까운 명제였다니
그러므로 나는 쉽게 말하지 못한다
이 구두의 이 주름이 왜 나인지
말하지 못한다

한쪽 무릎을 꿇고 앉아
꽃잎 속에 고인 햇빛을 손에 옮겨담을 때,
강으로 지는 해를 너무 빨리 지나치는 게 두려워
공연히 브레이크 위에 발을 얹을 때,
누군가의 안으로 들어서며 그의 문지방을 넘어설 때,
손 닿지 않는 곳에 놓인 것을 잡고 싶어
자꾸만 발끝으로 서던 때,
한걸음 한걸음 나를 떠밀고 가야 했을 때
그때마다 구두에 잡힌 주름이
나인지
아닌지
나는 어떻게 말해야 하는가

모든 흔적은 주름이 증명한다

우리는 평소 다양한 사물들과 관계를 맺습니다. 그 과정에서 인간과 사물은 부득이 서로에게 흔적을 남기게 됩니다. 이 흔적은 '배열'과 '배치'를 통해 우리에게 새로운 형태의 감각을 선사해 줍니다. 프랑스의 철학자 질 들뢰즈는 아장스망(多重體)이라는 개념으로 우리 생활 곳곳에 내재하고 있는 '주름'에 대해 명쾌한 답을 제시해 준바 있습니다. 주름이란 인간과 사물 혹은 인간과 사건이 서로의 접속을 통해 만들어 내는 '관계의 흔적'이라고 말이지요.

모든 흔적은 주름으로 총체화됩니다. 구두에 새겨진 주름 속에는 구두와 관계했던 수많은 현상이 집약되어 있기 마련입니다. 시인의 말대로 '꽃을 보거나', '브레이크를 밟거나', '문지방을 넘거나' 하는 동안에도 구두는 그때의 흔적을 주름 속에 오롯이 저장합니다. 문제는 그것을 타인에게 설명해 주어야 할 때 발생합니다. 주름 하나로 이 구두가 내 것인지 아닌지를 증명해 내기란 사실 불가능에 가깝습니다. 구두의 주름은 개인적 차원의 추억인 동시에, 주름의 생성과 관계 맺지 못한 타자에겐 결코 이해될 수 없는 낯선 영역의 감각이기 때문입니다.

어쨌든 시인은 지금 갈빗집 신발 담당에게 붙들려 있고, 이 구두가 자신의 것임을 증명해야 하는 처지입니다. 목격자나 CCTV가 있다면야 얼마나 좋겠습니까마는 사는 일 또한 그리 호락호락하지만은 않습니다. 이제 시인은 구두를 찾는 유일한 방법이 자신의 구두가 아님을 증명하는 데에 있음을 직감할 것입니다. 그래서 가끔 우리는 갈빗집에서 내준 주름 많은 슬리퍼를 내 슬리퍼인 양 신고 집으로 돌아오는 것인지도 모르겠습니다.

산산조각

정호승

룸비니에서 사온
흙으로 만든 부처님이
마룻바닥에 떨어져 산산조각이 났다
팔은 팔대로 다리는 다리대로
목은 목대로 발가락은 발가락대로
산산조각이 나
얼른 허리를 굽히고
무릎을 꿇고
서랍 속에 넣어두었던
순간접착제를 꺼내 붙였다
그때 늘 부서지지 않으려고 노력하는
불쌍한 내 머리를
다정히 쓰다듬어주시면서
부처님이 말씀하셨다
산산조각이 나면
산산조각을 얻을 수 있지
산산조각이 나면
산산조각으로 살아갈 수 있지

자신만의 결핍을 완성한다는 것

　인간은 누구나 '완성'과 '욕망'의 경계에서 살아가게 됩니다. 완성은 무언가를 다 이룬 충족의 상태이고 욕망은 무언가를 간절히 바라는 결핍의 상태이지요. 그러나 따지고 보면 결핍과 충족은 사소한 의식의 차이에서 오는 구분이기도 합니다. 가령, 여행이 목적인 사람에게는 그 행위 자체가 완성일 것입니다. 여행이 목적이 아닌 다른 의도를 가진 사람이라면, 여행은 단순한 결핍의 공간이면서 자신의 욕망을 충족하지 못한 불안의 도정으로밖에 인식되지 않을 것입니다. 전경린의 소설 『언젠가 내가 돌아오면』을 보면 아주 재미있는 단어 하나가 등장합니다. 라틴어 'Desiderare'죠. 욕망을 뜻하는 이 라틴어는 '사라진 별을 그리워하다', 다시 말해 '사라진 별에 대한 향수와 그리움'의 의미를 내포하고 있습니다. 사물이든 인간이든 간에 결코 자신이 경험하지 않은 사실에 대해 욕망할 수 없음을 비유하고 있는 것이겠죠. 무언가를 바란다는 것. 그것은 이미 어떤 완성을 경험하고 있는 것입니다.
　늘 완벽한 삶을 꿈꾸었던 시인 또한 그러했을까요. 시 속에 등장하는 화자는 마룻바닥에 떨어져 산산조각이 난 부처님을 순간접착제로 붙이려고 합니다. 부서진 부처님의 모습을 결핍의 상태로 인식했던 것이죠. 그러나 그 결핍의 상태를 완성의 단계로 인식하는 데는 그리 오랜 시간이 걸리지 않습니다. 부서지지 않으려고 안간힘을 썼던 자신의 모습 속에서 오히려 어떤 결핍을 발견했기 때문이죠. "산산조각이 나면 / 산산조각을 얻을 수 있"고 "산산조각이 나면 / 산산조각으로 살아갈 수 있"다는 잠언에 저 또한 무조건 동의하는 것은 아니지만, 산산조각이 난 부처의 웃는 얼굴을 무심히 떠올리다 돌연 숙연해지는 것 또한 저로서도 어쩔 도리가 없는 것 같습니다.

라일락꽃 피고 질 때

김정배

라일락꽃 핀다
라일락꽃 진다

라일락꽃 피고 질 때
나는 태어났다

비는 내리고
울음은 그치고
라일락꽃 향기에 젖는다

손바닥 우산을 펴고 가는
아이야, 너로 인해
말도 없이

라일락꽃 진다
라일락꽃 핀다

라일락꽃 피고 질 때

소식도 없이
눈물도 없이
너의 울음을 듣고

라일락꽃 핀다
라일락꽃 진다

라일락 라일락 피고 질 때

라일락꽃 피고 질 때 나는 태어났다

무덤덤한 멜로디와 독특한 가사로 일본 대중에게 사랑받는 락밴드가 있습니다. 그 밴드의 이름은 '아마자라시(amazarashi)'입니다. 나무위키에 검색해 보면 아마자라시는 "일상의 슬픔이나 괴로움이라는 비를 맞고 살아가지만, 그래도"라는 뜻을 지니고 있다고 합니다. 실제로도 아마자라시는 일본어 '雨ざらし・雨曝し'와 같은, 다시 말해 '비를 맞게 내버려 두다'라는 뜻을 지니고 있다고 하지요.

그 밴드의 노래 가사를 듣다 보면 마치 한 편의 시나 소설을 읽는 듯합니다. 대표적으로 아마자라시의 노래 〈내가 죽으려고 생각한 것은〉을 듣다 보면 이상하고 재미있는 노랫말이 등장합니다. 예를 들면 "내가 죽으려고 마음먹었던 것은 갈매기가 부둣가에서 울었기 때문이야. 물결에 밀리는 대로 떠올랐다가 사라지는 과거나 쪼아 먹고 날아가거라"라든가, "내가 죽으려고 마음먹었던 것은 생일날에 살구꽃이 피었기 때문이야. 나뭇잎 사이로 비치는 빛에 선잠이 들면, 벌레의 껍질과 흙에 익숙해질는지" 같은 것들이지요.

시의 논리로 살펴보면 사실 아마자라시의 노랫말은 그리 이상할 리 없습니다. 그 유명한 백석의 시 「나와 나타샤와 흰 당나귀」만 보더라도 "가난한 내가 / 아름다운 나타샤를 사랑해서 / 오늘밤은 푹푹 눈이 나린다"고도 했으니까요. 이 얼토당토않은 인과가 바로 시적 표현이라는 것은 눈 밝은 독자라면 금방 알아차리는 부분입니다.

「라일락꽃 피고 질 때」라는 시도 마찬가지겠네요. 라일락꽃 피고 질 때 태어난 아이는 '라일락꽃이 피어 태어난 아이'이거나, '라일락꽃이 진다고 태어나게 된 아이'이거나 어쨌든 둘 중 하나일 테니까 말입니다. 엄마의 뱃속에서 꼬박 열 달을 채우고 태어나는 아이들 속에서 '라일락꽃향기가 비에 젖는다고 이 세상에 태어난 아이'는 지금 무슨 향기를 맡으며 살아갈까요. 문득 라일락꽃 피고 질 때마다 그 모자의 안부가 궁금해집니다.

방을 얻다

나희덕

담양이나 창평 어디쯤 방을 얻어
다람쥐처럼 드나들고 싶어서
고즈넉한 마을만 보면 들어가 기웃거렸다.
지실마을 어느 집을 지나다
오래된 한옥 한 채와 새로 지은 별채 사이로
수더분한 꽃들이 피어 있는 마당을 보았다.
나도 모르게 열린 대문 안으로 들어섰는데
아저씨는 숫돌에 낫을 갈고 있었고
아주머니는 밭에서 막 돌아온 듯 머릿수건이 촉촉했다.
- 저어, 방을 한 칸 얻었으면 하는데요.
일주일에 두어 번 와 있을 곳이 필요해서요.
내가 조심스럽게 한옥 쪽을 가리키자
아주머니는 빙그레 웃으며 이렇게 대답했다.
- 글씨, 아그들도 다 서울로 나가불고
우리는 별채서 지낸께로 안채가 비기는 해라우.
그라제마는 우리 집안의 내력이 짓든 데라서
맴으로는 지금도 쓰고 있단 말이요.
이 말을 듣는 순간 정갈한 마루와
마루 위에 앉아 계신 저녁 햇살이 눈에 들어왔다.
세 놓으라는 말도 못하고 돌아섰지만
그 부부는 알고 있을까,
빈방을 마음으로는 늘 쓰고 있다는 말 속에
내가 이미 세들어 살기 시작했다는 걸.

마음이 사는 빈방에 마음으로 세 들어 살기

중국 남송 시대 무문이란 스님이 편찬한 『무문관(無門關)』에는 우리가 익히 알고 있는 일화 하나가 등장합니다. 바람 때문에 펄럭이는 사찰의 깃발을 두고 두 스님이 논쟁하는 장면이지요. 한 스님은 깃발이 펄럭인다고 하고, 다른 스님은 바람이 펄럭인다고 하는 내용입니다. 그때 육조 혜능이 나타나 "바람이 펄럭이는 것도, 깃발이 펄럭이는 것도 아니다. 너희의 마음이 펄럭이고 있을 뿐이다"라며 두 스님에게 일종의 죽비를 내립니다.

요즘 귀농을 소개하는 잡지를 보면, '시골에서 빈집 구하는 법'이라는 글이 심심찮게 등장합니다. 시골에 노인이 많다는 것은 그만큼 빈방도 많다는 의미겠지요. 마음 붙이고 정만 붙이면 살 수 있을 것 같은 폐가도 조금만 둘러보면 쉽게 찾을 수 있겠지요. 하지만 그 방법을 여러 사람이 공공연하게 공유하는 것을 보면 여전히 시골집 구하기는 어려운 모양입니다.

굳이 시를 쓰는 사람이 아니라도 누구나 한적한 시골 마을의 작업실 하나를 꿈꿉니다. 다람쥐처럼 드나들고 싶은 마음 때문이지요. 그러나 아무도 살지 않는 곳을 '맴'으로 쓰고 있는 시골 부부 앞에서 그 방을 욕심내기란 사실 어려울 것입니다. "정갈한 마루와 마루 위에 앉아 계신 저녁 햇살"이 사는 곳이라면 더더욱 그러하겠지요. 그래서 시골에서 빈집 구하는 가장 좋은 방법 중 하나는 마음이 사는 그 빈방에 이미 마음으로 세 들어 사는 것이 아닐까요.

스윙

여태천

커피 물이 끓는 동안에 홈런은 나온다.
그는 왼발을 크게 내디디며 배트를 휘둘렀다.
좌익수 키를 훌쩍 넘어가는 마음.
제기랄, 뭐하자는 거야.
마음을 읽힌 자들이 이 말을 즐겨 쓴다고
이유 없이 생각한다.
살아남은 자의 고집 같은,

커피 물이 다시 끓는 동안의 시간.
식탁 위에 놓인 찻잔을 잠시 잊고 돌아오는 시간.
오후 2시 26분 37초,
몸이고 마음이고 새까맣다.
20년 넘게 믿어 온 기정사실.
내 오후의 어디쯤에는 불이 났고 구멍이 뚫렸던 것이다.
방금 전 먹었던 너그러운 마음을
다시 붙들어 매는 데 걸리는
시간은 고작 17초.
애가 타고 꿈은 그렇게 식는다.

오후 2시 26분 54초,
커피 물이 다시 끓지 않는 시간.
식탁 위로 찻잔을 찾으러 오는 시간.
커피는 아주 조금 식었고
향이 깊어지는
바로 그때
도무지 아무 생각이 나지 않을 때
국자를 들고 우아하게 스윙을 한다.

타자는 공을 보고 방망이를 휘두르지 않는다

홈플레이트에서 마운드까지의 거리는 18.44미터입니다. 투수가 만약 150km/h이상의 강속구를 던지는 선수라면, 야구공이 타자에게 날아드는 시간은 고작 0.44초도 되지 않습니다. 0.44초라는 그 찰나의 시간 동안 타자는 투수의 구질(球質)과 코스 등을 미리 파악하여 타격을 결정해야 합니다.

그래서일까요. 능수능란한 타자는 결코 날아오는 공을 보고 방망이를 휘두르지 않습니다. 타자가 휘두른 방망이를 향해 야구공이 날아들 뿐이지요. "왼발을 크게 내디디며" "좌익수의 키를 훌쩍 넘"길 줄 아는 '오른손잡이 타자'라면 이미 투수가 공을 던지기도 전에 자신의 고집과 믿음대로 허공의 한 지점을 향해 능청스럽게 배트를 휘둘러야 합니다.

투수와 타자 사이의 거리인 18.44미터. 커피 물이 끓었다 식는 데 걸리는 시간인 17초. 우리네 삶 또한 이렇게 짧은 순간에 많은 것을 선택하고 결정해야 합니다. 그러나 어떤 결정의 순간 "도무지 아무 생각이 나지 않"는다면 그때부터 슬럼프는 시작되는 것이겠지요. 하지만 제아무리 지독한 슬럼프가 삶의 발목을 잡는다 해도 너무 걱정하지 마시길. 당신이나 나 "국자를 들고 우아하게 스윙" 연습을 하다 보면 식었던 커피 물은 다시 끓어오르기 마련일 테니까요.

연애편지

유하

공부는 중국식으로 발음하면
쿵푸입니다
단순히 지식을 배우는 게 아니라
이연걸이가 심신 합일의 경지에서 무공에 정진하듯,
몸과 마음을 함께 연마한다는 뜻이겠지요
공부 시간에, 그것도 국어 시간에
나는 자주 졸았습니다
이를테면, 교과서의 시가
정작 시를 멀리하게 만들던 시절이었죠
물론 졸지 않을 때도 있었어요
옆 학교 여학생이 보낸 편지를 읽던 날이었습니다.
연인이란 말을 생각하면
들킨 새처럼 가슴이 떨려요
나는 그 편지의 행간 행간에 심신의 전부를 다 던져
그녀의 떨림에 감춰진 말들을 읽어내려 애썼지요
그나마 그 짧은 글 읽기도 선생에게 들켜
조각조각 찢기고 말았지만
그 후로도 눈으로 쫓아가는 독서는
공부 시간의 쏟아지던 졸음처럼 많았지만,
내 지금 학교로부터 멀리 떠나온 눈으로
학교 담장 안의 삶들을 아련히 바라보니
선생의 시선 밖에서, 온 몸과 마음을 다 던져
풋사랑의 편지를 읽던 그 순간이
내 인생의 유일한 쿵푸였어요

학교에서는 결코 배울 수 없는 쿵푸

우리말의 '공부(工夫)'를 중국에서는 '쿵푸(功夫)'라고 읽습니다. 우리에게 쿵푸는 흔히 중국 무술을 일컫는 말로 쓰이지만, 그 원뜻을 헤아려보면 '숙련된 기술'이라는 의미를 지니고 있습니다. 〈포비든 킹덤〉이라는 영화에서 배우 이연걸은 쿵푸에 대해 "본래 어떤 것을 연마하여 경지에 이르는 것, 화가에게는 그림이 곧 쿵푸"라고 이야기합니다. 시인에겐 시를 쓰는 일이, 가수에겐 노래를 부르는 일이, 농부에겐 농사를 짓는 일이 알고 보면 모두 공부였던 셈이지요.

학창시절 우리가 주고받던 연애편지는 어떤가요. 휴대전화도 이메일도 없던 시절 나와 당신을 유일하게 집중시키던 연애편지. 그때 우리는 얼마나 많은 느림과 기다림에 대해 썼다 지웠던가요. 편지 속에 감춰진 무수한 떨림과 수줍음을 읽어내려 또 얼마나 애를 썼던가요. 그리움은 또 얼마나 서로를 단련시켜 주었을까요.

아무도 몰래 책상 밑에서 연애편지를 읽어 본 적이 있는 사람이라면, 혹은 그 편지를 선생에게 **빼앗겨** 조각조각 찢겨 본 기억이 있는 사람이라면, 그때 이미 우리는 학교에서는 결코 배울 수 없는 쿵푸를 연마하고 있었던 것입니다.

4부

딱
그만큼의
햇살과
한 줌의
바람

칼의 노래
―揮掃蕩 血染山河 ―이순신

강태승

불을 먹고도 칼은 차갑다
온몸에 불을 가두고도 식은 칼이다
먹은 불이 칼보다 무거웠는데
불은 칼만 남겨 놓았다
불을 삼키고 싱싱해진 칼
칼에 먹히고 오히려 칼이 된 불,
두드리면 아직도 불꽃이 핀다
살아 있는 한 꺼지지 않고
불이 있는 한 죽지 못하는 천형(天刑)이
세월 흐를수록 푸릇푸릇하다
돌에 갈 적마다 몸속 깊이깊이
새겨지는 불,
바람을 거슬러 그으면 불이
먼저 달려 나가 칼을 인도한다
공연한 칼질을 하면
불을 놓치는 칼,
침묵이 모든 소음 품은 것처럼
칼집에 있을 때 칼은 불 속에 있다
불을 밴 칼, 칼을 품은 칼집이
지금도 시(屍)보다 자세가 견고하다.

칼은 죽음보다 견고하다

충남 아산 현충사에 가면 칼 한 자루가 놓여 있습니다. 칼에는 '일휘소탕 혈염산하(一揮掃蕩 血染山河, 한칼에 쓸어버리니 붉은 피가 산하를 물들이도다)'라고 쓰여 있습니다. 칼은 사춘기 소녀의 손목처럼 길고 가느다랗고 아름답습니다.

삶과 죽음의 경계를 수시로 건너왔을 칼, 들여다볼수록 깊어지는 고요와 침묵이 검명의 이력을 대신합니다. 이 칼의 주인은 '가슴에 근심 가득 잠 못 드는 밤'마다 칼날 속에서 백성의 울음소리를 듣고 파도에 실려 오는 끼니를 수시로 자르며 시도 때도 없이 쳐들어오는 왜적의 함성을 뼈아프게 베어 냈을 것입니다.

그 칼을 다시 시인이 들여다봅니다. 칼은 칼집을 벗어나며 내면을 드러냅니다. 몸속 깊이 불을 가두고도 칼은 차갑고, 그래서 그 자세는 뜨겁습니다. 누구라도 칼이 숨긴 불을 확인하고자 한다면 피를 봐야 합니다. 피는 불입니다. 칼입니다. 그렇지만 불과 칼은 하나가 아닙니다. 그 둘은 망치로 두드리면 불꽃처럼 어긋나는 일종의 일탈로 닿아 있습니다.

피만은 피하자고 칼집에 칼을 넣는 일은 숭고에 가깝습니다. 누군가를 찌르지 않기 위해 칼집의 몸에 칼을 깊게 찔러 넣는 일. 칼집은 죽음보다 견고해야 한다는 너무나도 당연하고 상식적인 비유가 우리의 무감한 정신을 단칼에 베어 냅니다.

주파수

정용화

잊고 지내던 라디오를 켠다
역이 가까워지면서 속도를 늦춘 기차의
기적소리가 지지직거리는 한낮
둥그런 태양을 돌려 2시에 채널을 맞춘다
모란꽃 한 송이 여름 속으로 입장하고
꽃잎 위에 불시착한 나비의 날갯짓이
파르르, 잠시 멈춘 거기
꽃들은 어디에 귀를 가지고 있어
계절마다 때맞춰 피고 나비는 밤에도
정확히 꽃잎에 착지할 수 있는가
해와 달은 머나먼 거리에서도
가끔씩 일식으로 주파수를 맞춘다
아직 더듬어야 할 세상이 더 있다는 듯
눅눅한 마음을 건너는 느린 노래들
불 꺼진 창문 앞을 오래 서성거리던 때가 있었다
약간의 어긋남으로 우린 주파수를 잃어버렸고
맞지 않는 주파수는 시끄러운 잡음만 생겨났다
오래 버려둔 마음은 빛을 잃는다
방치해두면 잡초가 자라듯 다른 감정들이 덮어버린다
주파수를 맞춘다는 것은
잡히지 않는 계절의 틈새에 오래 귀 기울이는 일
채널을 돌릴 때마다 꽃잎이 앞다투어 피고 있다
햇살이 비출 때 비로소 꽃들은 몸을 연다

딱 그만큼의 햇살과 한 줌의 바람

한때 연애편지를 쓰고, 그 편지를 담은 흰 봉투에 애인의 집 주소를 또박또박 옮겨 적는 일이 생의 전부이던 시절이 있었습니다. 그녀에게 전달될 마음이 99.1MHz였는지 98.5MHz였는지 정확하게 기억나진 않지만, 그때 라디오에서 소개되었던 사랑의 노래는 아직도 제 귀에 생생하기만 합니다.

연애의 감정은 세상의 모든 주파수를 덮어 버립니다. 굳이 서로에게 추파를 던지지 않아도 "모란꽃 한 송이는 여름 속으로 입장"하는 놀라움을 우리에게 보여 줍니다. 때맞춰 꽃잎에 착지하는 나비도, 머나먼 거리에서 일식을 기억하는 해와 달에도 저마다의 주파수가 있다는 시인의 사유는 우리를 다시 한 번 "계절의 틈새에 오래 귀 기울이"게 합니다.

언젠가 산수유꽃 보러 산수유 마을에 간 적이 있습니다. 산수유꽃은커녕 꽃망울의 코빼기도 구경 못 하고, 종일 허탕만 치고 돌아왔던 기억이 납니다. 그때 지천으로 널려 있던 돌나물과 이름 모를 풀꽃과 딱 그만큼의 햇살과 한 줌의 바람이 요리조리 채널을 돌려가며 제 주파수를 찾고 있었다고 생각하니, 마음 한구석 산수유꽃 향기로 환해집니다.

소나무

조용미

나무가 우레를 먹었다

우레를 먹은 나무는 암자의 산신각 앞 바위 위에 외로 서 있다

암자는 구름 위에 있다

우레를 먹은 그 나무는 소나무다

번개가 소나무를 휘감으며 내리쳤으나

나무는 부러지는 대신

번개를 삼켜버렸다

칼자국이 지나간 검객의 얼굴처럼

비스듬히

소나무의 몸에 긴 흉터가 새겨졌다

소나무는 흉터를 꽉 물고 있다

흉터는 도망가지도 없어지지도 못한다

흉터가 더 푸르다

우레를 꿀꺽 삼켜 소화시켜버린 목울대가

툭 불거져 나와 구불구불한

저 소나무는

상처나 절망을 의연하게 감내하는 소나무

전주 토박이들만 알음알음 안다는 돌솥밥 집이 있습니다. 요즘 들어서는 제법 입소문을 타서인지 밥때만 되면 식당 입구부터 와자지껄합니다. 한참을 기다려도 줄은 줄어들 생각을 하지 않습니다. 배고픈 몸이 한 번 더 배고플 때쯤에야 식당은 비좁은 나무 자리 하나를 겨우 내어 줍니다. 자리에 앉아 한숨을 돌리기도 전에 나오는 돌솥밥 한 그릇. 양념간장에 비벼 허겁지겁 해치우고 나면 그제야 손님들의 눈을 사로잡는 큼지막한 글귀가 눈에 들어옵니다. "대추가 저절로 붉어질 리는 없다. 저 안에 태풍이 몇 개? 천둥이 몇 개? 벼락이 몇 개?"

어느 모 시인의 「대추 한 알」이라는 작품의 한 구절이기도 한 그 문장을 숭늉 마시듯 천천히 곱씹다 보면, 조금 전까지 내가 먹던 열매들과 나물들이 예사롭지 않게 여겨집니다. 인간의 밥상에 오르기까지 얼마나 많은 햇살과 바람과 구름을 몸속에 간직하고 있었을까요. 또 얼마나 숱한 시간을 견디어 왔을까요. 그런 생각이 스치는 날이면 새삼 돌솥밥 한 그릇의 밥값이 아깝지 않습니다.

시인에게 전해지는 소나무에 대한 감정도 이와 별반 다르지 않을 것입니다. 시인은 지금 우레를 먹고 있는 소나무와 마주하고 있습니다. 암자의 소나무는 번개를 맞으면서도 "부러지는 대신 / 의연하게 번개를 삼켜" 버립니다. 결국, 우레는 소나무에 "칼자국이 지나간 검객의 얼굴"을 선사하지만, 오히려 그 흔적은 소나무를 더욱 푸르게 합니다. 사람 사는 것이 도긴개긴이라고들 합니다. 자신 앞에 닥친 상처나 절망 따위를 의연하게 감내하는 소나무의 기개가 단연 돋보이는 이유입니다.

깨지지 않는 거울

문성해

빗방울들 손과 손을 맞잡고 질펀하게 누워 있다
검은 거울을 만들고 있다
거울임을 증명이라도 하듯
이 거리의 모든 것을 비춘다
먹구름이 지나가고 웅성거리며 가로수들이 걸어들어간다
어깨를 접은 건물이 거울 속에 웅크리고 있다
개미들이 거울을 벗어나기 위해 사투 중이다
거울 한복판에서 죽은 세포를 발견하게 될 때의 경악!
사람들은 오래 그곳을 떠나지 못하고 붙들리게 된다
거울은 깨져야 한다
깨지는 일만이 유일한 삶의 목표인 듯
빗방울이 떨어질 때마다
거울은 얼굴을 흩뜨리며 깨지는 연습을 한다
그러나 튀어나간 물 파편들은 또다른 거울을 만들 뿐,
복제거울이 판치는 거리를
여자들이 짧은 치마를 움켜 잡은 채 빠르게 귀가하고 있다
비는 점점 거세고 움푹움푹 골이 패이는 거울
깨질 듯 끝내 깨지지는 못하고
사람들 얼굴에도 들러붙어
번질거리기 시작한다

깨진다는 것은 자기를 완성하기 위한 수단

태초의 인간이었던 이브는 처음으로 자신의 모습을 물 위에 비춰 봅니다. 자기를 타인으로서, 그리고 자기로서 인식하는 행위를 통해 '자신이 아닌 자신'과 마주했던 것이지요. 밀턴이 『실락원』에서 묘사하고 있는 이브의 모습은 그리스 신화에 등장하는 나르시스의 모습과도 별반 다르지 않을 것입니다. 거울 밖의 나와 거울 안의 나를 흐트러트림으로써 거울은 자신이 가지고 있던 마력을 힘껏 발휘하고 있는 것이니까요.

지금껏 많은 인간은 거울을 통해 미래에 대한 일들을 감지해 내려 노력해 왔습니다. 물론 근대가 출현한 이후 거울이 주는 마술적 힘은 자연스럽게 소멸하였지만, 아직도 우리에겐 거울이 주는 두려움이 생활 곳곳에 묻어 있습니다. 특히 거울에 금이 가거나 깨지거나 하는 것에 대해 예민하게 반응하는 것을 보면 거울은 분명 위험한 매력을 가진 도구임이 틀림없습니다.

거울의 처지에서 보면 '깨진다는 것'은 자기를 완성하기 위한 하나의 수단일 것입니다. 그러나 시인의 눈에 띈 거울, 다시 말해 "먹구름이 지나"간 뒤 거리에 생긴 거울은 절대 깨지지 않는 거울로 묘사되고 있습니다. 오히려 복제에 복제를 거듭합니다. 거울은 이제 깨지기 위해 안간힘을 써야 하는 상황이지만, 설상가상으로 "사람들 얼굴에도 들러붙어 / 번질거리기 시작"합니다. 거리에는 나와 똑같은 얼굴들이 무한 복제되어 돌아다니고, 거울은 자신의 정체성마저 잃어버린 채 깨지지 않는 거울로 전락하고 말았습니다. 그 속에 자신의 모습을 비추고 있는 인간들이 안쓰럽게 생각되는 건 왜일까요.

등꽃

김형미

초여름 저녁, 등꽃 향기 밀려온다

아아, 배고픈 욕정이여

퇴근길이면 술집으로 향한다 안주도 없이
술로 채워지는 위를 생각하기엔 나는 아직 젊다
이미 오래 전부터 칫솔질을 할 때마다 구토가 일었으나
따지고 보면 고통이 나를 치유하고 있다
묵직하게 젖어오는 아랫도리
아릿한 아픔으로 부풀어오는 유두
담배 한 대로 삭히기엔 무척 오랫동안 굴풋했다
빈 방에 누워 자위를 즐기는 일만큼 가슴 허한 일 또 있으랴
이불이 마른 땀으로 축축해질 때쯤
세계가 내 안에서 밑동째 뽑혀져 나가는 두려움
그러나 두려움을 이기는 것이 욕정이라면
내 그리움은 절망인가
절망인가, 술집의 객들은 서서히 비워지고
출구쪽으로부터 등꽃 향기 밀려와 다시 자리를 채운다
사아랑은 나의 행복 사아랑은 나의 운명
천박하지 않을 만큼만 젓가락 장단 맞추는 등꽃 향기
발끝이 박자를 놓치지 않으려고 애쓰는 동안
나는 빈 잔을 채운다 결국

세상의 낭떠러지는 매일같이 마주 대하는 술잔 속일지도
살고 싶은 욕망으로 끝내 귀가하고 마는,

잔인한 초여름 저녁
등꽃 향기에 젖어 젖어

등꽃의 자주색은 상처를 견딘 흔적이다

　미친 사람들이 자신의 불행을 치유하는 전략 중 하나는 꽃을 사랑하는 것이라고 합니다. 자신보다 약한 존재인 꽃을 통해 피할 수 없는 현실의 불행을 외면하는 것이지요. 그래서 미친 사람들은 들판에 가득 피어 있는 꽃만 보면 정신을 차리지 못하고 헤매기 일쑤입니다.

　인간이 무언가에 중독되어 있거나 탐닉하는 것도 이와 비슷한 현상입니다. 영화를 보고, 책을 읽고, 술을 마시는 것 모두가 현실의 불행을 견디기 위한 일종의 몸부림인 것입니다. 비록 머리에 꽃을 꽂지 않아도 우리는 언제든 미칠 수 있는 잠재성을 지닌 셈이지요.

　등꽃의 자주색은 상처를 견딘 흔적입니다. 아니 견디고 있는 상처 그대로의 모습이기도 합니다. 시인의 눈에도 등꽃은 젊은 날의 상처와 고통을 치유할 수 있는 기제로 인식됩니다. 매일 같이 가슴 허한 고통 속에 사는 사람일지라도 "살고 싶은 욕망"을 간직하고 있다면, 이 초여름 밤 지독한 등꽃 향기쯤은 그럭저럭 봐줄 만한 절망일 것입니다.

억새꽃

유강희

억새꽃이 오라고 하지도 않았는데
명절날 선물 꾸러미 하나 들고 큰고모 집을 찾듯
해진 고무신 끌고 저물녘 억새꽃에게로 간다
맨땅이 아직 그대로 드러난 논과 밭 사이
경운기도 지나가고 염소도 지나가고 개도 지나갔을
어느 해 질 무렵엔 가난한 여자가 보퉁이를 들고
가다 앉아 나물을 캐고 가다 앉아 한숨을 지었을
지금은 사라진 큰길 옆 주막 빈지문 같은 그 길을
익숙한 노래 한 소절 맹감나무 붉은 눈물도 없이
억새꽃, 그 하염없는 행렬(行列)을 보러 간다
아주 멀리 가지는 않고 내 슬픔이 따라올 수 있는
꼭 그만큼의 거리에 마을을 이루고 사는
억새꽃도 알고 보면 더 멀리 떠나고 싶은 것이다
제 속에서 뽑아올린 그 서러운 흰 뭉치만 아니라면
나도 이 저녁 여기까진 오지 않았으리

그저 뒤엉킨 실타래 같은 억새꽃을 바라보며

트로이 전쟁의 영웅 아킬레스는 발이 빠르기로 유명했습니다. 이런 아킬레스도 약점이 하나 있었지요. 느리기로 둘째가라면 서러워할 거북이를 절대 따라잡을 수가 없었던 것입니다. 물론 거북이와 아킬레스의 역설 속에는 일종의 모순이 작용하고 있습니다. 간단하게 말해 아킬레스가 거북이를 따라잡을 수 있는 시간만 계산해도 이 이야기는 금방 오류로 판명되기 때문입니다. 그러나 유강희 시인의 시 「억새꽃」을 읽다 보면, 엉뚱하게도 제논의 역설이 꼭 궤변만은 아니라는 생각이 듭니다. "내 슬픔이 따라올 수 있는 / 꼭 그만큼의 거리"가 주는 시적 이미지 때문만은 아닐 것입니다. 하염없이 긴 억새꽃의 행렬을, "그 서러운 흰 뭉치"를 단 한 번이라도 유심히 살펴본 사람이라면 인생의 연륜이나 해박한 상식이 이 작품을 이해하는 데 있어 그리 큰 역할을 하지 않음을 알 수 있습니다. 그저 뒤엉킨 실타래 같은 억새꽃을 바라보며 "억새꽃도 알고 보면 더 멀리 떠나고 싶"었단 사실을 모르는 척 알아주면 그만일 것입니다.

꿈 곁에서

홍영철

꿈이여, 하고 소리를 내면
꿈은 소리가 되었다.
꿈이여, 하고 그림을 그리면
꿈은 그림이 되었다.
꿈에다 음률을 붙인다.
꿈에다 색칠을 한다.
꿈은 유행가가 된다.
팝송이 된다.
샹송이 되고 칸초네가 되고
재즈가 되고 클래식이 된다.
꿈은 빨강이 되고 파랑이 되고
하양이 되고 까망이 되고
연두색이 되고 하늘색이 되고
또 회색이 된다.
꿈에다 구멍을 낸다.
꿈의 밑창을 뺀다.
이제, 꿈은 허전하다.
그래서 꿈은 꿈
그래도 꿈은 꿈.

그래도 꿈은 꿈이다

아이가 아이였을 때 우리 모두의 꿈은 대통령이었습니다. 우리는 나무가 되고 싶었고 그네가 되고 싶었지요. 불가능이란 단어는 태초에 존재하지도 않았습니다. 원하면 무엇이든 될 수 있었기에 꿈은 꿈이 아니었습니다. 소리를 내면 소리가 될 수 있었고 그림을 그리면 그림이 될 수 있었던 시절.

때마침, 판도라는 상자를 열었고 희망은 갇히게 되었습니다. 희망은 꿈이 되었던 것이지요. 아이들은 구체적으로 꿈을 꾸지 않으면 안 되었습니다. 소리나 그림 같은 추상적인 단어로는 현실을 견디는 데 도움이 안 되기 때문입니다. 그래서 아이들은 꿈에다 음률을 붙이고 색을 입혔습니다. 꿈은 몸을 틀어 유행가가 되었고 팝송이 되었지요. 칸초네와 재즈가 되었고 클래식이 되었습니다.

우리네 삶이 가지각색이듯 꿈의 색깔도 각양각색이었습니다. 꿈은 빨강이 되었고 파랑이 되었습니다. 하양이, 까망이 되기도 하였습니다. 이도저도 아닌 사람들은 연두색과 하늘색 그리고 회색이 되었습니다. 그래도 사는 데는 문제가 없어 보였습니다.

그러나 우리는 곧 "꿈에다 구멍"을 내고 "꿈의 밑창"을 빼야만 했습니다. 아이들은 서둘러 허전함을 배웠고 어른이 되었습니다. 꿈은 깨면 그만이지요. "그래서 꿈은 꿈"이었습니다. 그럼에도 아이들은 꿈을 포기할 수 없었습니다. "그래도 꿈은 꿈"일 테니까요.

공양

안도현

싸리꽃을 애무하는 산(山)벌의 날갯짓소리 일곱 근

몰래 숨어 퍼뜨리는 칡꽃 향기 육십평

꽃잎 열기 이틀 전 백도라지 줄기의 슬픈 미동(微動) 두 치 반

외딴집 양철지붕을 두드리는 소나비의 오랏줄 칠만구천 발

한 차례 숨죽였다가 다시 우는 매미울음 서른 되

물질과 마음의 경계를 두서없이 허물어트리고

언젠가 숲길을 걷다가 '숲이 주는 고마움 연간 1조'라는 푯말을 본 적이 있습니다. 무엇이든 숫자로 환원시키고 계산하려 드는 물질문명의 논리를 숲에서도 확인하는 것 같아 조금 씁쓸한 기분이 들기도 하였습니다. 마치 어릴 적 TV에서 보던 공익 광고의 한 장면이 생각나듯 말이지요. 그때 수도꼭지에서는 만 원짜리 지폐가 쉴 새 없이 흘러내리고 있었던가요.

하지만, 시에서 확인되는 시적 수량화의 방식은 오히려 장점이 되기도 합니다. 시는 세상의 논리나 인식을 비틀거나 거부함으로써 새로운 논리를 형성시키기 때문이지요. 계산할 수 없고 계산되어서는 안 되는 공물조차 셈을 하고 보니 새삼 이 시를 읽는 재미가 더해집니다. 특히 눈에 보이지 않는 소리와 향기를 계량화하여, 마치 눈에 보이는 것처럼 가시화한 부분은 이 시의 매력이 무엇인지 잘 말해 주고 있습니다.

물론 이런 시 기법이나 표현은 이전에 박용래의 시 ("한 뼘 때기 논밭이라 할 일도 없어, 흥부도 흥얼흥얼 문풍지 바르면 흥부네 문턱은 햇살이 한 말. / 패랭이꽃 몇 송이 아무렇게 따서 문고리 문살에 무늬 놓으면 흥부네 몽당비 햇살이 열 말."「소감」)에서도 종종 찾아볼 수는 있었지만, 이 시가 지닌 매력은 어쩌면 전혀 다른 곳에 있는 것 같기도 합니다.

식물의 윤회에 필요한 벌과 꽃향기, 꽃줄기, 비. 이런 것들을 세세하게 기록해내는 매미의 울음소리. 공양 때 올리는 공물에서처럼 물질과 마음의 경계를 두서없이 허물어트리고 보니 새삼 '공양'이라는 이 시의 제목이 무릎을 탁 치게 합니다.

물불

이영광

1억 5천만km를 날아온 불도 엄연한 불인데
햇빛은 강물에 닿아도 꺼지질 않네
물의 속살에 젖자 활활 더 잘타네
물이 키운 듯 불이 키운 듯한 버드나무그늘에 기대어
나는 불인 듯 물인 듯도 한 한 사랑을 침울히 생각는데
그 사랑을 다음 생까지 운구(運柩)할 길 찾고 있는데
빨간 알몸을 내놓고
아이들은 한나절 물속에서 마음껏 불타네
누구도 갑자기 사라지지 않네
물불을 가리지 않고 뛰어드는 것이,
저렇게 미치는 것이 좋겠지
저 물결 다 놓아 보내주고도 여전한 수량(水量),
태우고 적시면서도 뜯어 말릴 수 없는 한 몸이라면
애써 물불을 가려 무엇 하랴
저 찬란 아득히 흘러가서도 한사코 찬란이라면
빠져 죽든 타서 죽든
물불을 가려 무엇 하랴

여자는 여자를 버리는 순간 여자가 된다

뜨거운 에스프레소 커피 원액에 차가운 바닐라 아이스크림을 얹어 먹는 아포카토. 이탈리아 사람들은 이 기막힌 디저트를 맛볼 때마다 차가움과 뜨거움의 오묘함을 동시에 느낍니다. 한 번쯤 깨뜨려 보고픈 예쁜 머그잔을 입술에 갖다 대고 꺼질 듯 꺼지지 않는 표정으로 버드나무 그늘에 기댄 얼굴이란…….

몸살이 날 때마다 술 한잔 생각납니다. 몸은 춥고 열은 오르는 밤, 물과 불의 모순을 동시에 가진 알코올처럼 사랑은 다음 생까지의 운구할 길을 찾으며 한 몸을 이루고 있습니다. 그 어떤 것도 먼저 사라지거나 떠오르지 않는 맛. 미칠 수 없어 미쳐 버리는 사람처럼 한 몸을 이루고 살다 보면 애써 물불을 가려 무엇할까요.

여자는 여자를 버리는 순간 여자가 됩니다. 남자에 가까운 모습으로 겨우 여자가 되었음을 알리는 빨간 알몸. 너무 아득해서 뜯어말리기도 전에 물에 빠져 죽는 타서 죽는, 이 아포카토의 시를 두고 굳이 물불을 가려 무엇할까요.

5부

명함에도
명함이
필요한
시대

강

문정희

어머니가 죽자 성욕이 살아났다
불쌍한 어머니! 울고 울고
태양 아래 섰다
태어난 날부터 나를 핥던 짐승의 혀가 사라진 자리
냉기가 오소소 자리 잡았다

드디어 딸을 벗어버렸다!
고려야 조선아 누대의 여자들아, 식민지들아
죄 없이 죄 많은 수인들아, 잘 가거라
신성을 넘어 독성처럼 질긴 거미줄에 얽혀
눈도 귀도 없이 늪에 사는 물귀신들아
끝없이 간섭하던 기도 속의
현모야, 양처야, 정숙아, 잘 가거라
자신을 통째로 죽인 희생을 채찍으로
우리를 제압하던 당신을 배반할 수 없어
물 밑에서 숨 쉬던 모반과 죄책감까지
브래지어 풀듯이 풀어버렸다

어머니 장례 날, 여자와 잠을 자고 해변을 걷는 사내여
말하라, 이것이 햇살인가 허공인가
나는 허공의 자유, 먼지의 고독이다
불쌍한 어머니, 그녀가 죽자 성욕이 살아났다
나는 다시 어머니를 낳을 것이다

웃고 떠드는 사이 슬픔은 기쁨이 되고

최승자 시인의 "개같은 가을이 쳐들어 온다. / 매독 같은 가을"(「개같은 가을이」 부분)은 한때 시를 읽는 독자에게 충격 그 자체였습니다. 그 도발적인 비유만으로도 시의 역할은 충분했지요. 여기 그 자리를 함께할 시가 한 편 더 있습니다. "어머니가 죽자 성욕이 살아났다"는 이 어리둥절한 고백 앞에서 우리는 그동안의 윤리나 도덕 따위의 규준은 잠시 잊어도 좋을 것 같습니다. 죄가 없는 것이 죄가 되는 세상에서 어진 어머니와 착한 아내로만 살아야 했던 시절, 이제 그녀들의 기도는 끝이 났습니다. 우리가 그녀들을 낳아 줄 차례이기 때문이지요.

다시, 여기 '햇살이 뜨거웠다는 이유'만으로 살인을 저지른 사내가 있습니다. 어머니의 사망 소식을 듣고도 한 여자와 잠자리를 했던 사내. 웃고 떠드는 사이 슬픔은 기쁨으로 변하고, 딸들은 꼭 저 같은 딸을 낳아 '존재하는 것이 변하면 존재하지 않는 것도 변한다는 사실'을 깨달으며 변해 갑니다. 이 시의 화자도 소설 『이방인』의 뫼르소처럼 지독한 그리움에 사로잡혀 있겠지요. 글줄깨나 읽고 쓰는 사람이라면 '어머니가 죽자, 성욕이 되살아나는' 이 지독한 모순 형용 앞에서 잠시나마 전율하지 않을 수 없습니다.

몸붓

안성덕

1
지렁이 반 마리가 기어간다
허옇게 말라가는 콘크리트 바닥에
질질 살 흘리며 간다
촉촉한 저편 풀숲으로 건너는 길은
오직 이 길뿐이라고
토막 난 몸뚱이로 쓴다
제 몸의 진물을 찍어
평생 한 一자 한 자밖에 못 긋는 몸부림
한나절 땡볕에 간단히 지워지고야 말
한 획

2
고무타이어를 신었다
중앙시장 골목 어귀,
참빗 좀약 사세요 구두깔창도 있어요
삐뚤빼뚤 삐뚤빼뚤
좌판 위 고무줄을 늘여 쓴다
바싹 마른입에 거품을 무는 듯
붓끝에 진땀을 찍는 듯
사내가 제 몸을 쥐어짠다
한 줄 더 써내려
몽당연필 같은 몸 필사적으로 끼적댄다
한 자 한 자 몸뚱이가 쓴 바닥을 지우며
기억뿐인 다리가 따라 간다

참빗과 좀약 그리고 고무줄을 사는 이유

환상통이란 말이 있어요. 신체 일부가 사라져도 계속 있는 것처럼 온도를 느끼거나, 통증을 지각하는 증상을 말하죠. 일종의 사고 후유증인 셈이지요. 이 시를 읽고 문득, "지렁이 반 마리"와 "고무타이어를 신은 사내"는 처음부터 한 몸이 아니었을까 하는 상상을 하게 돼요. 사내의 잘려 나간 다리가 마치 지렁이의 반 토막 몸이 된 것처럼 서로를 향해 필사적이에요. 물론 시인은 지렁이와 사내의 모습을 동시에 묘사함으로써 시적 긴장감을 주고 싶었을 거예요. 하지만 상관없어요. 독자는 그저 지렁이와 사내의 불완전했던 모습이 시인의 시적 사유를 통해 완전한 '몸붓'으로 전환되는 기쁨을 누리면 그만인 거죠. 어설픈 연민의 감정은 이 시를 읽는 데 아무런 도움이 되지 않아요. "몸의 진물을 찍"고, "몸을 쥐어"짜내며 쓰는 글자를 무심히 보고만 있어도 이 작품은 충분히 아프게 읽히기 때문이죠. 그래서 사람들은 굳이 필요 없는 참빗이나 좀약, 그리고 고무줄 같은 것을 집 안 구석구석 쌓아 두고 사는 것인지도 모르겠지만요.

산책로 밖의 산책

이문재

나의 꿈은 산책로 하나
갖는 것이었다 혼자이거나
둘만의 아침일 때에도
언제나 맨 처음의 문으로 열리는
그 숲에선 혼자가 나를
둘이 서로를
간섭하지 않을 것이었다

매일 그 시간을 나는 그 길
위에 있을 테고 숲길 저마다의
굽이들이 나를 기다릴 것이었다
저녁의 섬세한 무렵들이 음악과 같이
나의 산책 안에서 한 칸씩 달라질 터
그때 나는 풍경을, 그대의
온전함이라고 노래했으나

홀로이거나 둘만의 저녁이라고
믿었던 그 숨가쁘던 날들은
휘발되어 버리고, 돌아보면
은자(隱者)의 꿈 일찍이
부숴지고 말았으니, 산책은

산책로 밖으로 나아가려는
불가능인 것, 기어이 산책로의
바깥에서 주저앉는 무모인 것을

산책은, 산책로 밖에 있어야 했다

진정한 삶의 리듬과 사유의 자유를

칸트는 항상 같은 시간, 같은 장소를 산책했습니다. 평생 프로이센의 수도 쾨니히스베르크에 살면서 단 하루도 빠짐없이 산책을 즐겼다고 하니, 산책에 대한 그의 사랑이 얼마나 각별했는지를 알 수 있습니다. 오죽하면 산책에 나서는 칸트를 보며, 그 도시의 사람들은 시계를 맞추곤 하였을까요. 그런 그도 단 하루 산책을 하지 못한 날이 있었습니다. 익히 알려졌듯 루소의 『에밀』을 읽기 위해서였지요. 칸트는 그날 처음으로 몸에 밴 산책을 거부하게 된 것입니다.

그러나 역설적이게도 그에게 있어 진정한 산책은 그게 전부이지 않았을까요. 산책에 나서지 않음으로써 '산책로 밖의 산책'을 경험해 보는 것. 낡은 시간의 형식을 변형시킴으로써 진정한 삶의 리듬과 사유의 자유를, 자신만의 절대적인 시간을 그는 처음으로 맛보지는 않았을까요. 그래서 현대를 살아가는 우리에게 "산책은 산책로 밖으로 나아가려는 불가능인 것"인지도 모르겠습니다. '휘발되어 버릴 길'을 버리고 지금 당장 산책로 밖을 서성거려 보는 것은 어떨까요.

저수지의 개뼉다귀

박태건

개는 죽어서도 습성을 잊지 못하고
저수지를 꽉 물고 있다.
물가에 밀려온
물의 근육이 팽팽하다.
개는 뜨거운 혀를 견딜 수 없어
저수지로 왔을 것이다.
저수지의 물을 다 마셔버리기 위해
과감히 뛰어들었을 것이다.

개는 짖는다.
개뼉다귀는 소리로 단단해졌음으로
침묵할 수 없는 근성으로,
마을의 개들이 따라서 짖는다.
개가 짖는 것은 몽둥이를 무서워하지 않는다는 것,
실컷 욕해줄 것이 있다는 듯이,
산을 깨우며 짖는다.
혀를 빼물고 짖는다.

결국엔
온몸이 입이 된
저수지가 따라 짖는다.

유독 어디서 굴러먹던 개뼉다귀의 감정

움베르토 에코의 『책의 우주』 속에는 기억과 집착에 관한 아주 재미있는 예화가 한 편 실려 있습니다. "노란 은행잎에 불을 붙여 태우면서, 거기서 피어나는 연기를 잘 살펴보면 미래가 보인다"는 뭐 그런 이야기지요. 한 가지 주의해야 할 점은 연기를 들여다보고 있는 동안에는 절대로 악어의 '왼쪽 눈'을 생각해서는 안 된다는 것입니다. 자신의 미래를 보기 원했던 한 사내는 그 말을 듣자마자 자신의 행동이 곧 어리석었음을 깨닫게 됩니다.

"저수지의 개뼉다귀"라는 제목을 보는 순간 저 또한 온종일 '저수지'와 '뼈다귀'에 관한 생각만 하였습니다. 그 단어에 집착하지 않으려 마음먹은 순간부터 되려 저수지와 뼈다귀는 자리를 바꿔 가며 제 머릿속을 온통 헤집습니다. 쿠엔틴 타란티노 감독의 영화 〈저수지의 개들〉에서 시작된 이미지는 양해훈 감독의 영화 〈저수지에서 건진 치타〉로 연결되면서, '뼈다귀'와 '뼉다귀'가 주는 묘한 어감의 차이를 암울하게 드러냅니다. 그 암울함은 자기를 스스로 증명해야 하는 사람들의 치욕과 멸시의 감정으로 고스란히 옮겨붙습니다.

이 작품에 등장하는 개들 또한 어쩌면 저수지와 영영 결별하고 싶었는지도 모릅니다. 살다 보면 한 번쯤 자신과 가장 잘 어울릴 만한 것들이 싫어지기도 하니까요. 개와 저수지는 어떻습니까. 개와 뼈다귀는 또 어떻습니까. 궁상맞게도 너무 잘 어울리지요. 그래서 개들은 "죽어서도 습성을 잊지 못하고", 자신의 "뜨거운 혀를 견딜 수 없어" 하면서 결국 저수지로 돌아오게 됩니다. 과감히 뛰어들기도 합니다. 저수지에만 가면 유독 어디서 굴러먹던 개뼉다귀인지도 모를 감정이 집요하게 떠오르는 것도 모두 이 때문이겠지요.

눈이 삐다

손택수

눈이 삐었니, 이제 보니
뼈 있는 말
뼈가 아픈 말
눈 속에도 뼈마디가 있어
가끔씩은 눈도 삐고 볼 일이다
무심히 보는 것에도 허방이 있으니,
발목을 접지르는 눈길이 있으니
보는 일이
예사 아니다
함부로 보는 일에 다
뼈를 받치는
바닥이 있었구나
눈이 삐었니, 그래
어쩌다 한번은 눈이 삐어서
절뚝거리고 싶다
더듬거리고 싶다
내 그냥 스쳐온 풍경들
내딛는 통증으로 문득 환해져서

내가 눈이 삐었지

어머니가 부엌칼을 쓰시다 오른손을 베였습니다. 빈 깡통을 재활용하려다가 손마디에 깊은 상처를 냈던 것입니다. 며칠 후 찾아뵌 어머니의 손엔 돼지비계 털 같은 실밥 자국이 선명했습니다. 칼이 손가락 뼈마디에 가 닿았지만, 불행 중 다행히도 칼끝은 노구의 뼈를 가까스로 피해 갔다고 합니다.

그날부터 어머니는 안 쓰던 왼손을 써야 했습니다. 오른손에 맞춰져 있던 습관들이 하나둘씩 삐걱대기 시작했습니다. 생활의 뼈를 받치고 있던 사물들도 바닥을 치고 올라왔습니다. 그동안 무심하던 것들이 죄다 절뚝거리고 더듬거렸습니다. 하루는 화장실에 다녀오시던 어머니가 침묵 끝에 한 마디 툭, 던지십니다. "내가 눈이 삐었지!"

빈 깡통은 여전히 재활용되지 못한 채 어머니의 마른 피를 빨고 있습니다. 그 깡통을 볼 때마다 '어긋남(clinamen)'이 가져다주는 묘한 시적 쾌감이 마음을 흔듭니다. 무료하게 평행을 유지하며 내달리던 어머니의 삶에서 그 칼날의 스침은 어떤 의미였을까요? 아마도 시인이 경험한 상상력과 크게 다르지 않을 것입니다.

어긋남은 어떤 식으로든 우리 삶에 의미의 상처를 남깁니다. '눈이 삐었다'는 그 애틋한 감정이 우리의 시심을 자극하는 이유도 이 때문일 것입니다. 우리는 서로 눈이 삐어 연애도 하고 사랑도 하는 것이겠지요. 물론, 그 눈의 뼈가 채 아물기도 전에 아이 먼저 낳고 결혼을 하는 사람도 있습니다. 우리의 어머니가 그랬듯.

소리의 뼈

기형도

김교수님이 새로운 학설을 발표했다
소리에도 뼈가 있다는 것이다
모두 그 말을 웃어넘겼다, 몇몇 학자들은
잠시 즐거운 시간을 제공한 김교수의 유머에 감사했다
학장의 강력한 경고에도 불구하고
교수님은 일학기 강의를 개설했다
호기심 많은 학생들이 장난삼아 신청했다
한 학기 내내 그는
모든 수업 시간마다 침묵하는
무서운 고집을 보여주었다
참지 못한 학생들이, 소리의 뼈란 무엇일까
각자 일가견을 피력했다
이군은 그것이 침묵일 거라고 말했다.
박군은 그것을 숨은 의미라 보았다
또 누군가는 그것의 개념은 중요하지 않다고 했다.
모든 고정관념에 대한 비판에 접근하기 위하여 채택된
방법론적 비유라는 것이었다
그의 견해는 너무 난해하여 곧 묵살되었다
그러나 어쨌든
그 다음 학기부터 우리들의 귀는
모든 소리들을 훨씬 더 잘 듣게 되었다.

소리의 뼈라 할 수 있는 침묵

기형도의 시 「소리의 뼈」를 읽다 보면, 20세기 가장 영향력 있는 인물로 꼽히는 비트겐슈타인의 모습이 자연스레 떠오릅니다. 언어의 본성을 통해 침묵의 가치를 검증하고자 했던 그의 끈질긴 믿음은 마치 "모든 수업 시간마다 침묵하는" 김 교수의 "무서운 고집" 마냥 집요하고도 확고해 보이기까지 합니다. "말할 수 없는 것들에 관해서는 침묵해야 한다"(『논리철학 논고』)는 전언을 굳이 상기하지 않더라도 모든 침묵에는 분명 '존중'에 대한 의미가 스며 있습니다. 그 점을 알지 못하는 이들에게 김 교수의 말은 단지 '새로운 학설' 중 하나이거나 "잠시 즐거운 시간을 제공"하는 가십거리에 불과할 것입니다.

그러나 정말 감사하게도 "김교수의 유머"는 그동안 우리가 잊고 지냈던 소리의 뼈를 손수 만질 기회를 제공합니다. 비근한 예로 한밤중 불을 끄고 방에만 누워 있어도 평소에는 들을 수 없는 소리들이 귓바퀴 주변에 머무는 것을 경험하게 됩니다. 물론 사람마다 다소 차이는 있겠지만, 어찌 됐든 소리는 소리 내지 않을 때 다른 것들의 소리를 더 잘 듣게 하는 오묘한 삶의 이치를 숨기고 있습니다.

공자는 '예순이 되어서야 비로소 남의 말을 듣기만 해도 그 이치를 깨닫는다(六十而耳順)'고 했다지요. 하지만 이제 우리는 굳이 그때를 기다리지 않아도 될 것 같습니다. '소리의 뼈'라 할 수 있는 '침묵'을 통해 세상의 "모든 소리들을 훨씬 더 잘 들"을 수 있는 귀를 소유하게 될 테니까요. "호기심 많은 학생들이 장난삼아 신청"한 수업치고는 참 많은 것을 얻게 해 주는 수업입니다.

명함

함민복

새들의 명함은 울음소리다

경계의 명함은 군인이다

길의 명함은 이정표다

돌의 명함은 침묵이다

꽃의 명함은 향기다

자본주의의 명함은 지폐다

명함의 명함은 존재의 외로움이다

명함에도 명함이 필요한 시대

한국 전쟁이 끝난 직후 문단의 대가로 군림하던 김동리나 박목월에게 유일하게 김 군, 박 군이라고 호명하던 이십 대의 젊은 시인 하나가 있었습니다. 그는 툭하면 술에 취해 있었고, 행여 거리에서 선배 문인들을 만나게 되거나 동료 문인의 출판 기념회가 있는 날이면 건들건들 찾아가 난데없는 욕설을 퍼붓거나 흥을 깨기 일쑤였습니다. 그야말로 안하무인이었던 이가 바로 미당 서정주와 동서지간이었던 시인 김관식입니다.

더욱 재미있는 것은 김관식의 명함이었습니다. 그는 명함에다 늘 '대한민국 김관식'이라고 새기고 다녔습니다. 시인이 직업이 될 수 있는지 없는지는 잘 모르겠지만, 어쨌든 그의 직업은 시인이었고, 대한민국 혹은 이름 석 자마저 직업인 동시에 그의 사회적 위치이기도 했습니다. 김관식은 죽는 날까지 자신의 독특한 명함만큼이나 호방한 기개를 뽐냈고 언제 어디서나 비굴하지 않았던 사람이었습니다.

우리는 사람을 처음 만나게 되면 악수를 하고 서로에게 명함을 건넵니다. 명함을 가진 자와 명함을 가지지 못한 자 사이에는 잠시 어색한 침묵이 흐르고, 또 그 침묵의 틈에는 보란 듯이 서로의 사회적 지위가 자리 잡게 됩니다. 명함을 갖지 못한 자는 명함을 가진 자 앞에서 자신도 모르게 좀 더 허리를 구부리게 되고, 명함을 가진 자는 명함을 갖지 못한 자 앞에서 자본주의가 허락한 우월함을 경험하게 됩니다.

명함이 지닌 명암(明暗)은 우리의 삶을 대책 없이 쓸쓸하게 만듭니다. 그러면서도 그 누구의 이름이라도 언제든 받아 줄 자세를 취하면서 자수성가의 희망을 심어 주기도 합니다. 그만큼 명함은 자본주의 시대를 사는 우리에게 자존심의 상징인 동시에 공포 그 자체이기도 한 것이지요.

'새들의 명함인 울음소리', '경계의 명함인 군인', '길의 명함인 이정표' 등등. 모두가 저마다의 자리에서 꼭 맞는 명함을 새기고 삽니다. 명함에도 명함이 필요한 이 시대에 문득, 단 한 번도 명함을 갖지 못한 이들의 저녁을 생각하니, "존재의 외로움"이란 무엇인지 깨닫게 됩니다.

21그램

이선영

100원짜리 동전 네 개
초코바 하나
벌새 한 마리
그것의 무게
사람이 죽으면 빠져나간다는,
영혼의 무게 21그램
나머지 5만… 여 그램의 내 살과 뼈와 피의 무게란
얼마나 무거운 것이냐 덧없는 것이냐
이 고깃덩어리로 뭘 해보겠다고
살과 뼈와 피의 요구를 다 들어주며 가는 내 영혼은 고달프기도 하여라

21그램을 제외한 내 몸의 무게

돌핀델이라는 생화학자가 체중 70킬로그램인 성인 남자의 몸을 분석해 보았다고 합니다. 그 몸을 구성하고 있는 물질의 값을 계산해 보았더니, 새장 하나를 청소할 정도의 석회분과 못 한 개를 만들 만한 분량의 철분, 차 한 잔에 섞어 마실 정도의 당분, 세숫비누 다섯 장을 만들 만한 지방분, 그리고 성냥 네 갑을 만들 만한 분량의 인이 검출되었다고 하네요.

문득, 내 영혼의 무게가 궁금해집니다. 도대체 사람이 죽은 후에 빠져나가는 영혼의 무게는 얼마나 될까요. 알레한드로 곤잘레스 이냐리투 감독의 영화 〈21그램〉에서 주인공인 폴은 사람이 죽는 순간 21그램의 질량이 줄어든다는 사실을 알게 됩니다. 21그램의 무게 속에는 인간의 삶을 구성하고 있는 다양한 감정들, 다시 말해 사랑과 행복, 복수와 증오, 기쁨과 슬픔, 동정과 애정 같은 수많은 희로애락의 감정이 스며들어 있겠지요.

21그램을 제외한 내 몸의 무게, 그 물질의 값에 대해 이렇게 저렇게 생각하다 보니, 지금껏 내 영혼에 덕지덕지 빌붙어 몸을 살찌우고 있었던 덩어리가 참으로 까마득해 보입니다. "살과 뼈와 피의 요구를 다 들어주며 가는 내 영혼"이 고달픈 이유는 21그램의 무게가 떠난 뒤에도 홀로 남겨져 살을 찌우고 있을 무게의 무게 때문인가요.

영혼이 빠져나가는 순간 줄어들게 될 21그램의 몸무게. "벌새 한 마리의 무게"이자 "초코바 하나"의 무게, 오백 원짜리 동전 하나에도 못 미치는 내 영혼의 무게 21그램. 아무리 후하게 쳐줘도 단돈 오천 원어치도 안 되는 "5만… 그램의 내 살"의 물질적 가치를 생각하니, 온몸이 영혼이었던 스물한 살 그때가 애면글면 그리워집니다.

영진설비 돈 갖다 주기

박철

막힌 하수도 뚫은 노임 4만 원을 들고
영진설비 다녀오라는 아내의 심부름으로
두 번이나 길을 나섰다
자전거를 타고 삼거리를 지나는데 굵은 비가 내려
럭키슈퍼 앞에 섰다가 후두둑 비를 피하다가
그대로 앉아 병맥주를 마셨다
멀리 쑥꾹쑥꾹 쑥꾹새처럼 비는 그치지 않고
나는 벌컥벌컥 술을 마셨다
다시 한 번 자전거를 타고 영진설비에 가다가
화원 앞을 지나다가 문 밖 동그마니 홀로 섰는
자스민 한 그루를 샀다
내 마음에 심은 향기 나는 나무 한 그루
마침내 영진설비 아저씨가 찾아오고
거친 몇 마디가 아내 앞에 쏟아지고
아내는 돌아서 나를 바라보았다
그냥 나는 웃었고 아내의 손을 잡고 섰는
아이의 고운 눈썹을 보았다
어느 한쪽,
아직 뚫지 못한 그 무엇이 있기에
오늘도 숲 속 깊은 곳에서 쑥꾹새는 울고 비는 내리고
홀로 향기 잃은 나무 한 그루 문 밖에 섰나

아내는 설거지를 하고 아이는 숙제를 하고
내겐 아직 멀고 먼
영진설비 돈 갖다 주기

외상값을 갚는 일조차 일이 되는 사내

외상값을 갚는 일조차 일이 되는 사내가 있습니다. 그 사내는 막힌 하수도를 뚫은 노임 4만 원을 영진설비에 갖다 주라는 아내의 명을 받고 집을 나섭니다. 그러나 그는 곧 "굵은 비"를 만나게 됩니다. "럭키슈퍼" 앞에서 말이지요. 사내는 때는 이때다 싶어 "그대로 앉아 병맥주를 마셔" 버립니다. 슈퍼의 이름처럼 '행운(?)'이라도 만난 것처럼 말입니다.

사내는 다시 영진설비를 향해 가다가 "화원 앞에 놓인 자스민 한 그루"를 만나 사게 됩니다. 사내는 결국 영진설비에 돈 갖다 주는 일을 포기하게 됩니다. 어쩌면 무능하게만 보이는 그 가장에게 영진설비 가는 길은 천산북로보다도 더 먼 길이었을지도 모르겠습니다.

하지만 그리 걱정할 필요는 없을 것 같습니다. 영진설비 아저씨도 설거지하는 아내도 그리고 숙제를 하는 고운 눈썹을 지닌 아이도 모두 그 사내를 나무라거나 원망하지 않으니까요. 요즘 흔히 말하는 '슈퍼맨'이 되기를 원하지도 않는 눈치입니다. 사내에게 있어 영진설비 가는 길은 여전히 멀고도 험하지만 우리에게 '순수한 행복'이 무엇인지를 잘 보여 주고 있습니다.

혹시 이 시를 읽고도 '현실'과 '능력'을 운운하는 사람이 있다면, 저는 그 면전에 보란 듯이 작고 예쁜 자스민 한 그루를 사다 놓을 생각입니다.

■ 시 작품 출처

1부. 질투가 스민 질문만 하지 않았더라면

안상학, 「얼굴」, 『현대시학』, 2014년 3월호
김유석, 「뱀의 문장을 쓰는 가계」, 『웹진 시인광장』, 2014년 4월호
김명인, 「독창」, 『꽃차례』, 문학과지성, 2013
구상, 「가장 사나운 짐승」, 『인류의 盲點에서』, 문학사상사, 1998
함성호, 「미치겠네」, 『키르티무카』, 문학과지성사, 2011
유병록, 「습관들」, 『서정과 현실』, 2014년 하반기호
이상, 「거울」, 『이상 전집』1, 뿔, 2009
길상호, 「도무지」, 『모르는 척』, 천년의시작, 2007
기형도, 「질투는 나의 힘」, 『입 속의 검은 잎』, 문학과지성사, 1991

2부. 우리의 마음을 절실하게 파고드는 것들

현택훈, 「당신의 일기예보」, 『남방큰돌고래』, 한국문연, 2014
차창룡, 「찜질방」, 『문학나무』, 2007년 여름호
이현승, 「병간」, 『현대시학』, 2013년 3월호
박판식, 「윤회」, 『밤의 피치카토』, 천년의시작, 2004
정양, 「이별」, 『현대문학』, 2006년 3월호
유홍준, 「사람을 쬐다」, 『유심』, 2009년 11-12월호
황지우, 「너를 기다리는 동안」, 『게눈 속의 연꽃』, 문학과지성, 1990
강윤미, 「너와 나의 큐레이터」, 『문장웹진』, 2012년 3월호
신미나, 「싱고」, 『싱고, 라고 불렀다』, 창비, 2014

3부. 참으로 고요한 그 박장대소

전동진, 「수화」, 『그 매운 시 요리법』, 문학들, 2014

이영옥, 「폭설3」, 『누구도 울게 하지 못한다』, 천년의시작, 2014

김종삼, 「장편2」, 『김종삼 전집』, 나남출판, 2005

윤성학, 「구두를 위한 삼단 논법」, 『당랑권 전성시대』, 창비, 2006

정호승, 「산산조각」, 『이 짧은 시간 동안』, 창비, 2004

김정배, 「라일락꽃 피고 질 때」, 『너나답다』, 새싹호, 2018

나희덕, 「방을 얻다」, 『사라진 손바닥』, 문학과지성, 2004

여태천, 「스윙」, 『스윙』, 민음사, 2008

유하, 「연애편지」, 『세운상가 키드의 사랑』, 문학과지성, 1999

4부. 딱 그만큼의 햇살과 한 줌의 바람

강태승, 「칼의 노래」, 『칼의 노래』, 시산맥사, 2015

정용화, 「주파수」, 『서투른 다정』, 천년의시작, 2017

조용미, 「소나무」, 『나의 별서에 핀 앵두나무는』, 문학과지성사, 2007

문성해, 「깨지지 않는 거울」, 『자라』, 창비, 2005

김형미, 「등꽃」, 『오동꽃 피기 전』, 시인동네, 2016

유강희, 「억새꽃」, 『오리막』, 문학동네, 2005

홍영철, 「꿈 곁에서」, 『작아지는 너에게』, 문학과지성사, 1982

안도현, 「공양」, 『간절하게 참 철없이』, 창비, 2008

이영광, 「물불」, 『노작문학상 수상작품집』, 새봄출판사, 2008

5부. 명함에도 명함이 필요한 시대

문정희, 「강」, 『응』, 민음사, 2014

안성덕, 「몸붓」, 『몸붓』, 시인동네, 2014

이문재, 「산책로 밖의 산책로」, 『산책시편』, 민음사, 2007

박태건, 「저수지의 개뻘다귀」, 『서시』 2009 가을호

손택수, 「눈이 삐다」, 『나의 첫 소년』, 창비교육, 2017

기형도, 「소리의 뼈」, 『입 속의 검은 잎』, 문학과지성사, 1991

함민복, 「명함」, 『눈물을 자르는 눈꺼풀처럼』, 창비, 2013

이선영, 「21그램」, 『포도알이 남기는 미래』, 창비, 2009

박철, 「영진설비 돈 갖다 주기」, 『영진설비 돈 갖다 주기』, 문학동네, 2001